もくじと学習の記ろく

本書に関する最新情報は，当社ホームページにある**本書の「サポート情報」**をご覧ください。（開設していない場合もございます。）

1 言葉《ことば》の意味《いみ》・使《つか》い方

標準クラス

1 つぎの文の――線をつけた言葉の意味をあとからえらんで、記号《きごう》で答えなさい。

(1) それを聞くと、大工《だいく》は、はっとわれに返《かえ》って、家へもどったそうな。

ア 気をとられてむちゅうになる。
イ いしきがもどる。
ウ 自分をわすれて、思わず。
エ 自分がまっ先に。
（　　）

(2) 弟は、陽気《ようき》な足どりでとび出していった。

ア 歩いた道すじ。
イ 足をきたえておく。
ウ 足の運《はこ》び方。
エ 足の取《と》り合い。
（　　）

(3) アブラゼミが木に止まってしきりに鳴いています。

ア たえず、さかんに
イ 区切《くぎ》りとして
ウ ゆっくりと
エ 長い間
（　　）

(4) 母は、運動会で走るわたしをひときわ大きな声でおうえんしてくれた。

ア はきはきと
イ 力いっぱい
ウ ゆっくり
エ とくに
（　　）

2 つぎの――線「さめる」という言葉は、どんな意味ですか。あとからえらんで、記号で答えなさい。

(1) あついミルクがさめる。（　　）
(2) 目がさめると朝だった。（　　）
(3) 色のさめた服《ふく》。（　　）

ア 起《お》きる
イ あらくなる
ウ あざやかな
エ つめたくなる
オ つかまえる
カ うすくなる

答え べっさつ1ページ

3 意味が合う言葉を、――線でむすびなさい。

(1) 予感《よかん》 ・　・ア それを目当てにする
(2) 目がける ・　・イ 言うまでもなく
(3) もちろん ・　・ウ とちゅうでとぎれる
(4) とだえる ・　・エ 品《ひん》がある
(5) ゆうが ・　・オ なんとなく感じる
(6) いまいましい ・　・カ たしかに
(7) まさしく ・　・キ しゃくにさわる
(8) こころみる ・　・ク ためしにやってみる

4 上の言葉につながる言葉を、――線でむすびなさい。

(1) ほぼ ・　・ア ちこくしたのですか。
(2) さんざん ・　・イ 話にならない。
(3) どうして ・　・ウ わらってはいけない。
(4) きっと ・　・エ おこられた。
(5) まったく ・　・オ できあがった。
(6) けっして ・　・カ 悲《かな》しむだろう。
(7) どうか ・　・キ 雨でも行くよ。
(8) たとえ ・　・ク ゆるしてください。

5 つぎの（　）に入る言葉をあとからえらんで、記号で答えなさい。

(1) しんけんな顔の妹を（　）と見た。
(2) 一日中雨が（　）とふる。
(3) 小さな川が（　）と流《なが》れる。

ア まじまじ　イ さらさら　ウ しとしと

6 つぎの言葉の意味をあとからえらんで、記号で答えなさい。

(1) ふち（　）　(2) ひょうりゅう（　）
(3) もげる（　）　(4) あこがれる（　）
(5) ひさし（　）　(6) せせらわらう（　）
(7) ほかほか（　）　(8) せいいっぱい（　）

ア ありったけの力を出すこと。
イ 人をばかにしてわらうこと。
ウ 家ののきにさし出した小さな屋根《やね》。
エ あたたかくて、湯気《ゆげ》を立てている様子《ようす》。
オ ついていたものが、ちぎれて取れる。
カ あちこちと水の上をただよい流れる。
キ 強く心を引かれる。
ク 水が深《ふか》くたまって流れないでいる場所《ばしょ》。

1 言葉《ことば》の意味《いみ》・使《つか》い方

ハイクラス

時間 30分
合かく 80点
とく点　　点

答え▼べっさつ2ページ

1 つぎの文の――線「かかげられている」・「よそよそしい」の意味をあとからえらんで、記号《きごう》で答えなさい。(20点／一つ10点)

(1) 「水とみどりの町」などという標語《ひょうご》がかかげられている。（　）

ア はたに書かれていること
イ 大きな声で語られていること
ウ ポスターとしてはられていること
エ 広く人に知らせていること
オ うわさになってつたえられること

(2) 公園に人工の池がつくられたが、それはどことなくよそよそしい、にせもののしぜんなのだ。（　）

ア あれた感《かん》じがすること
イ つめたい感じがすること
ウ 真新《ま》しい感じがすること
エ ゆめのような感じがすること
オ れいぎ正しい感じがすること

2 つぎの文の――線の言葉の意味を、あとからえらんで、記号で答えなさい。(50点／一つ10点)

(1) 母にはどんなべんかいも通用しない。（　）

ア あやまり　イ いいわけ
ウ うそ　エ 口答え

(2) 京都《きょうと》にはおもむきのある神社《じんじゃ》が多い。（　）

ア れきしのある
イ 味《あじ》わいのある
ウ 意味のある
エ 有名《ゆうめい》な

(3) 休みの日は家でくつろいでいる。（　）

ア のんびりと楽《らく》にしている。
イ 仕事《しごと》や勉強《べんきょう》をしないで、ずっと遊《あそ》んでいる。
ウ ひまをもてあましている。
エ 家族《かぞく》そろってすごしている。

(4) 走ることでは、山本くんはぼくのこうてき手だ。（　）

ア　ぼくと力が同じぐらいのよいきょうそう相手《あいて》
イ　ぼくが勝《か》つのをとくいとしている相手
ウ　ぼくよりもはるかに力のあるせん手
エ　ともにたたかうのによいパートナー

(5)　ぼくとかれのかんけいは、一進《いっしん》一たいのじょうたいだ。（　　）

ア　ぜんぜんうまくいかないこと。
イ　今にもあらそいが起《お》こりそうなこと。
ウ　よくなったり悪《わる》くなったりをくり返《かえ》すこと。
エ　一対《たい》一の対等《たいとう》なかんけいのこと。

3　つぎの文章《ぶんしょう》の中の――線の言葉の意味をあとからえらんで、記号で答えなさい。（30点／一つ10点）

(1)　ぼくたちの遊《あそ》びを知らない恒男《つねお》ちゃんがなか間になった。ある日たからものを出し合うことになった。

「うーん、わしは、わしは野球《やきゅう》カードにしようかのう。あれなら八十まいあるけえ」

タッくんにつれられ、ぼくが発言《はつげん》すると、恒男ちゃんは小首をかしげます。（　　）

ア　満足《まんぞく》に思うこと
イ　ぎもんに思うこと
ウ　気楽に思うこと
エ　めいわくに思うこと

(2)　わたしはとなりのおばさんから、聞きずてならぬいや味《み》を面《めん》と向《む》かってあびせられた。（　　）

ア　聞きもらしてはいけない
イ　聞く気が起《お》こらない
ウ　聞かずにはいられない
エ　聞き流《なが》すことができない

(3)　「あの犬が食べる量《りょう》は、たかが知れているのだ。それなのに、いまさら何をおしんであんなにとやかく言うのだろうか。」と、健二《けんじ》は思った。（　　）

ア　どれくらいかは分からないが、たいしたことはない。
イ　だいたい程度《ていど》が分かっているが、たいしたことはない。
ウ　あまりにも程度が低《ひく》すぎて、話にならない。
エ　分かる人には分かるが、分からない人にはまったく分からない。

2 文の仕《し》組《く》み

標準クラス

1 意味《いみ》がわかる文になるように、（　）にじゅんに番号《ばんごう》を書き入れなさい。

(1)
（　）火が出たとき、
（　）消《け》し止めるための
（　）消火《しょうか》きは、
（　）道具《どうぐ》です。
（　）大きく広がらないうちに、

(2)
（　）とび出すことは、
（　）人間が、
（　）ゆめでは
（　）うちゅうに
（　）なくなりました。

(3)
（　）養分《ようぶん》にするものがあります。
（　）これを、
（　）小さな虫をつかまえて、
（　）食虫植物《しょくちゅうしょくぶつ》といいます。
（　）植物の中には、

---

2 つぎの文の——線の言葉《ことば》はどこにかかりますか。記号《きごう》で答えなさい。

(1) 魚が、 **ア**気持《きも》ちよさそうに **イ**泳《およ》いでいる。（　）

(2) **ア**わたしは、 **イ**京都《きょうと》の **ウ**おじいちゃんに、 長い **エ**手紙を **オ**書きました。（　）

(3) **ア**だれにも 見られないうちに、 **イ**一こくも早く **ウ**村から **エ**遠ざかりたいと、 **オ**そればかり、 **カ**考えていたのです。（　）

3 つぎの文の主語《しゅご》をえらんで、その言葉の横《よこ》に——線を引きなさい。

(1) 子どもが、ガラッと戸を開《あ》けました。

(2) 手紙をもらったが、わたしは返事《へんじ》にまよっている。

答え▶べっさつ2ページ

4 つぎの文を文図で表《あらわ》すとき、――線①〜③の言葉は[A]〜[C]のどこに入りますか。番号で答えなさい。

(1) ①きのうの　大雨で、国道の　②橋《はし》が、　③下流《かりゅう》へ　流《なが》されてしまった。

A（　　）B（　　）C（　　）

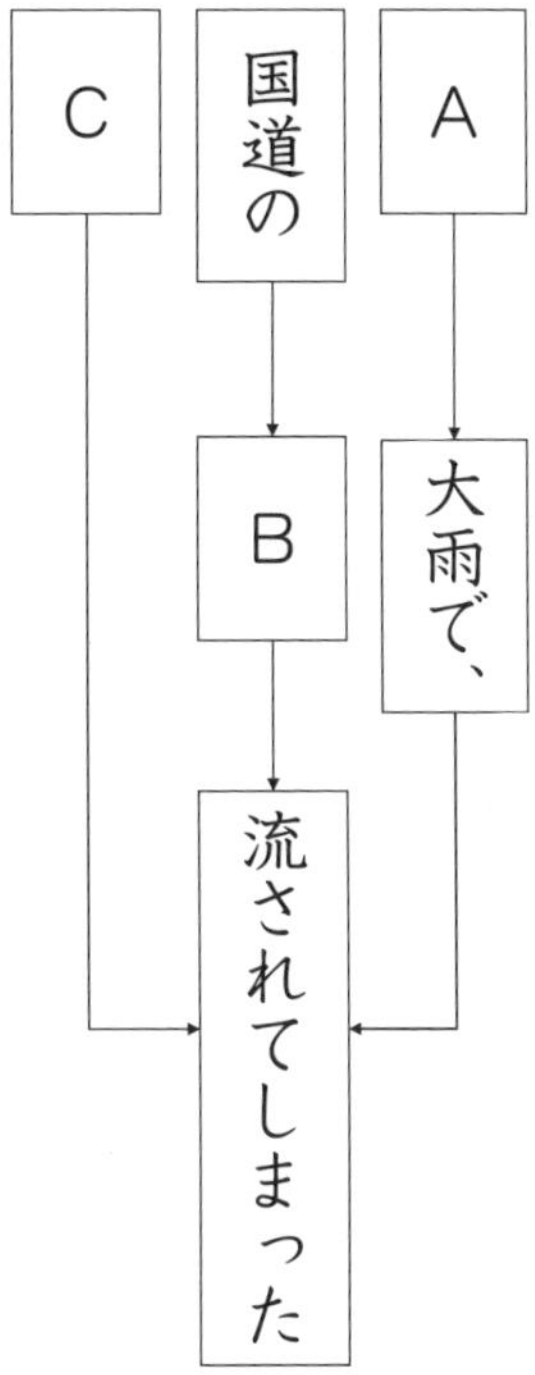

(2) ①まもなく、南西の　②空に　③白く　かがやく　人工えい星《せい》が　あらわれました。

A（　　）B（　　）C（　　）

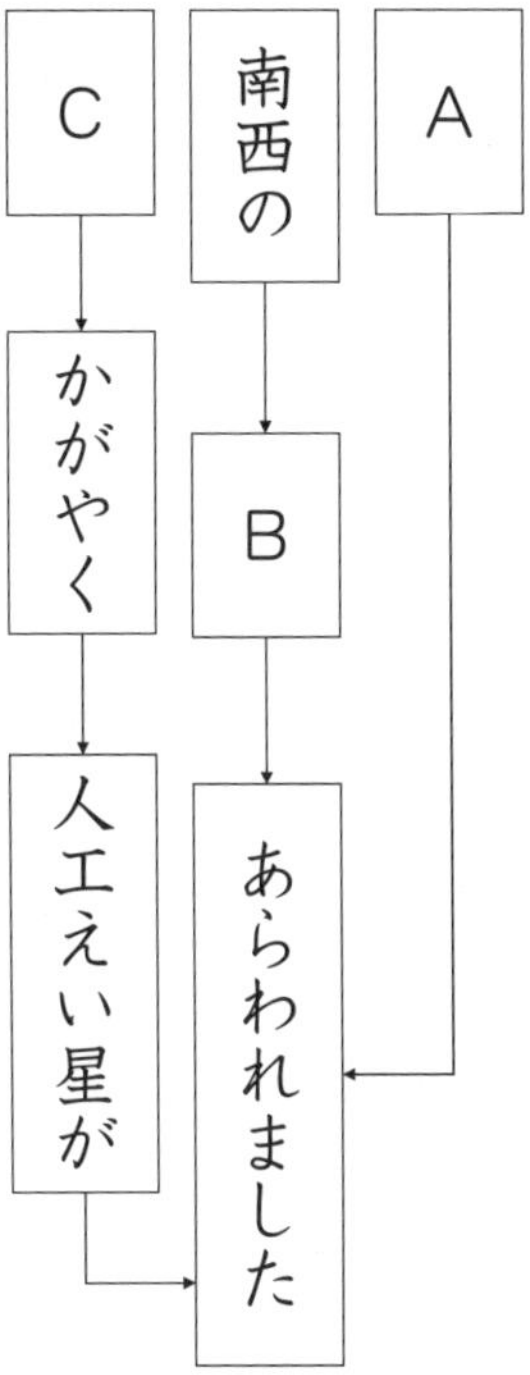

---

5 つぎの文の組み立ては、あとのア〜エのどれですか。それぞれえらんで、記号で答えなさい。

(1) あれがこの村の小学校だ。（　　）
(2) わたしの家には犬がいる。（　　）
(3) 山のもみじがとてもきれいだ。（　　）
(4) 友だちが山形《やまがた》へ引っこしていった。（　　）
(5) イルカの芸《げい》はすばらしかった。（　　）
(6) きれいなバラの花が、庭《にわ》いっぱいにさいている。（　　）
(7) 母は、昼間は近くの花屋《や》で、はたらいている。（　　）
(8) あの本は、あなたのものです。（　　）

ア 何が(は)……どんなだ。
イ 何が(は)……何だ。
ウ 何が(は)……どうする。
エ 何が(は)……ある(いる)。

2 文の仕組《しく》み

ハイクラス

時間 30分
合かく 80点
とく点　　点

答え▼べっさつ3ページ

1 つぎの文の――線の言葉《ことば》はどこにかかりますか。あとからえらんで、記号《きごう》で答えなさい。(20点／一つ5点)

(1) 長い間考えて、ようやくなぜそうなったのか理由《りゆう》がわかった。(　　)
ア なぜ　イ そうなったのか　ウ 理由が　エ わかった

(2) 毎朝きちんと六時半に起《お》きるのが習《しゅう》かんだった。(　　)
ア きちんと　イ 六時半に　ウ 起きるのが　エ 習かんだった

(3) 夕食《ゆうしょく》のおかずにするために、しんけんに魚をつる。(　　)
ア するために　イ しんけんに　ウ 魚を　エ つる

(4) いちご味《あじ》のアイスクリームを姉妹《しまい》で一こずつ食べる。(　　)
ア アイスクリームを　イ 姉妹で　ウ 一こずつ　エ 食べる

2 つぎの文の――線①〜③の言葉はどこにかかりますか。あとからえらんで、記号で答えなさい。(15点／一つ5点)

ひな鳥は休みながら少しずつ、①たまごのかたいからをやぶり、数十分かけて、②ようやくクシャクシャの全体《ぜんたい》をあらわした。やがて、ぬれてしぼんでいた③羽が毛糸のようにふくらんだ。

①(　　)　②(　　)　③(　　)

ア 休みながら　イ かたい
ウ からを　エ やぶり
オ 数十分かけて　カ クシャクシャの
キ 全体を　ク あらわした
ケ やがて　コ ぬれて
サ しぼんでいた　シ 毛糸のように
ス ふくらんだ

3 つぎの文について、あとの問《と》いに答えなさい。

(1) わたしは　おどろいたため　足が　すくんだ。
この文を文図に表《あらわ》しました。A・Bに入る言葉を書きなさい。(10点／一つ5点)

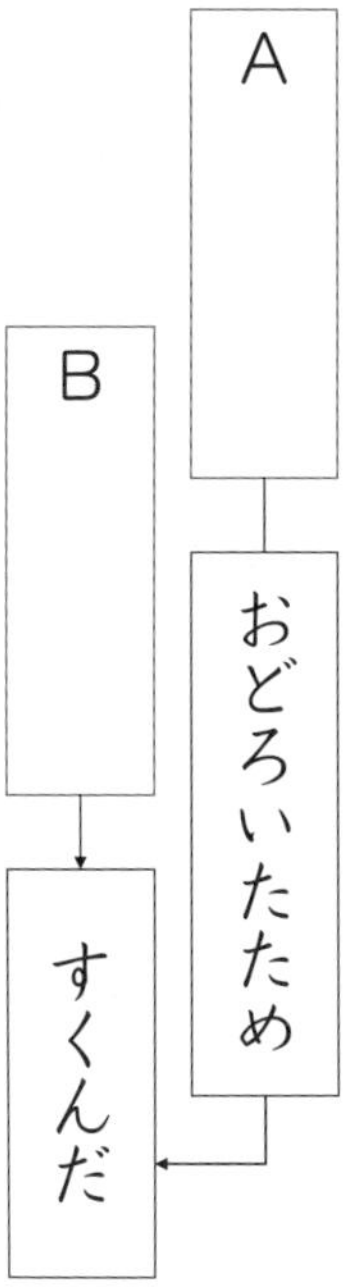

(2) この文と同じ組み立ての文をつぎからえらんで、記号で答えなさい。(5点)　（　　）

ア 庭《にわ》のつばきがきれいにさいている。

イ 夜空には星がかがやき、森にはふくろうの声がした。

ウ 雪がふったけれど道はこおっていなかった。

4

つぎの文を文図に表すと、[A]〜[C]に入る言葉はどれですか。番号で答えなさい。(15点／一つ5点)

A（　　）B（　　）C（　　）

①きれいな　②花が、③わたしの　④家の　⑤庭に　⑥たくさん　⑦さいた。

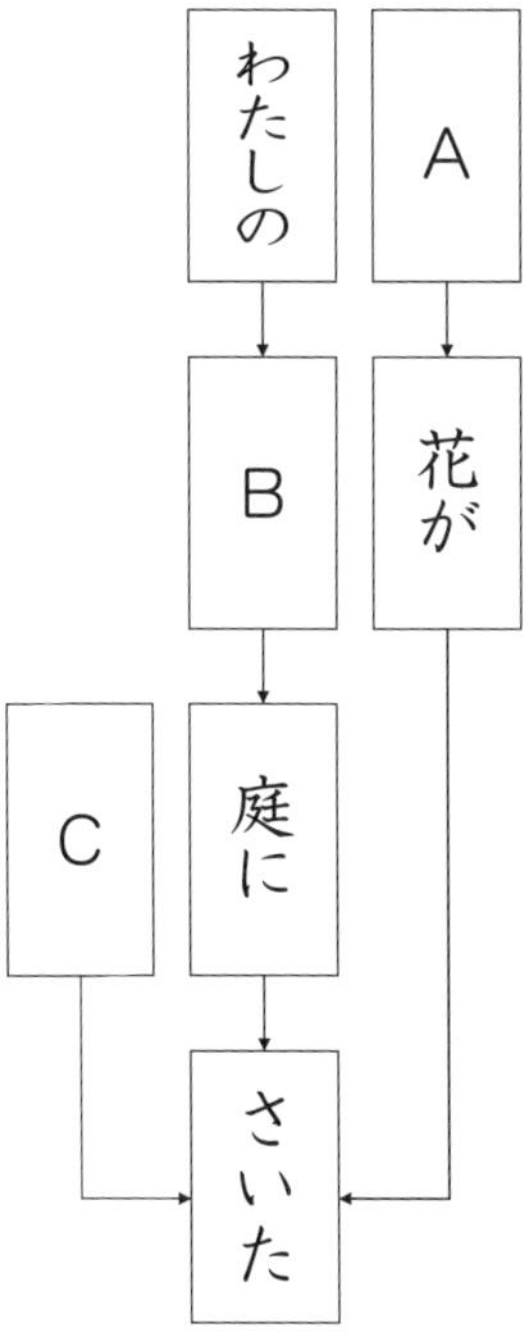

5

つぎの文の――線①「いる」・②「出している」の主語を答えなさい。(10点／一つ5点)

自分のまわりがはれつしたような感《かん》じがした。自分のまわりの空気にヒビが入って、空気がわれたような感じがしたのだった。その真《ま》ん中に自分が①いる。空がぐらぐらゆれて、大きなわらい声を②出しているような気がした。

①（　　）　②（　　）

6

つぎの文の主語はどれですか。（　）の中に書き入れなさい。(25点／一つ5点)

(1) まあ、きれいだなあ、あの鳥は。（　　）

(2) がんばれば、ぼくにも　チャンスが　ある。（　　）

(3) わたしは　この　かばんを、今年　スイスで　りょこう中に　買った。（　　）

(4) 父の　一言、あれが　身《み》に　しみた。（　　）

(5) ひっしに　せつ明したけれど、だれも、ぼくの話を　しんじなかった。（　　）

3 こそあど言葉《ことば》

標準クラス

答え▼べっさつ3ページ

1 つぎの文章《ぶんしょう》の——線①〜③の言葉は、それぞれ何を指《さ》していますか。文中の言葉を使《つか》って答えなさい。

わたしは、野ネズミがかくれ場から顔をだして、あたりをうかがう行動《こうどう》を「ようす見《み》」と名づけました。「ようす見」は、いつもおなじ場所《ばしょ》でおこなわれます。①その場所をさがせば、あとの動《うご》きをおうのは、かんたんです。かくれ場からからだをのりだし、あたりのようすをうかがい、タイミングを見はからって、皿《さら》のところへ、とつぜんさっと走りだすのです。

すきまをうまくつかうこと、あたりのようすをうかがうこと、そして目てきの場所にむけてすばやく走ること、この三つの行動が、いま、おこなわれたのです。②これらの三つの行動には、どくとくのリズムがあって、③それを知らないと、わたしたちは、野ネズミの動きを、つい見のがしてしまいます。

（今泉《いまいずみ》 吉晴《よしはる》「野ネズミの森」）

①（　　）

②（　　）

③（　　）

2 つぎの文章を読んで、——線を引いた言葉が指しているものを答えなさい。

アフリカのそばの島《しま》に、おうぎばしょうという植物《しょくぶつ》があります。葉《は》がちょうどおうぎを開《ひら》いたようにならんでいるので、①こういう名まえがついたのです。この木は、葉の根《ね》もとの所《ところ》がふくらんでいて②そこにつめたい水をふくんでいます。

①（　　）

②（　　）

3 つぎの文の（　）に入る言葉をあとからえらんで、記号《きごう》で答えなさい。

(1)（　）があなたのたからものでしたか。

(2)（　）様《さま》へは、今品物《しなもの》をおとどけしました。

(3)（　）に立っているポストのところを右に曲《ま》がると、わたしたちの学校が見えます。

(4)（　）まで行ったら、ひと休みしましょう。

(5)（　）バスに乗《の》ると、おばさんの町へ行くことができます。

ア あの　イ あれ　ウ あちら　エ あそこ

4 つぎの文の（　）に入る言葉をあとからえらんで、記号で答えなさい。

(1)（　）からこの本を読み始《はじ》めたのですか。

(2)（　）が君のノートなのか、名前がないのでわからないよ。

(3)（　）で、こんなめずらしいものをさがしてきたのかね。

(4)（　）の方へ行けば、学校に行けますか。

(5)（　）を持《も》ってくればいいか、わからない。

ア どれ　イ どこ　ウ どちら（方向《ほうこう》）

---

5 つぎの文章の中から、指す言葉を五つさがして、横《よこ》に——線を引きなさい。

学校へ行くと中、おばあさんに道を聞かれた。どちらから来てどこへ行きたいのかを聞いて、そのおばあさんの行きたい家をいっしょにさがした。その家は、道を聞かれたあの場所の近くだった。

6 つぎの文章の——線①・②はそれぞれ何を指していますか。記号に○をしなさい。

庭《にわ》の木に大きなおにぐもが、すをはりました。細い糸が何本か、風に流《なが》されてゆらゆらしているのが、見えました。①そのもとを見ると、くものおしりから出ているのです。糸は、風に乗《の》って、だんだん長くなります。

とうとう、②その糸がまつのえだにつきました。くもは用心深《ぶか》く、糸をひっぱっているようです。糸はぴーんとなりました。

① ア 庭の木　イ おにぐも　ウ 細い糸

② ア おにぐも　イ おしり　ウ まつのえだ

ハイクラス

時間 30分
合かく 80点
とく点 点

答え▼べっさつ4ページ

1 つぎの文の——線の言葉は、何を指《さ》していますか。（20点）

母は、公園を指《ゆび》さして、「あっち」で待《ま》っててね。」と、わたしに言って、お店の方に行きました。

（　　　）

2 ——線「そのこと」は、何を指していますか。あとからえらんで、記号《きごう》で答えなさい。（20点）

周作《しゅうさく》は、小さく生まれたわりには、大きく成長《せいちょう》した。小学校に通うころには、かえってほかの子どもたちよりも、ずっとがっしりとした体格《たいかく》をそなえていた。ことに、学校でのせいせきがよくできて、毎学年、いつもその当時せいせきがよければ、もらうことのできた優等賞《ゆうとうしょう》をもらわないことはなかった。そのこともあって彼《かれ》は、いつのまにか、「かいたん*」というあだ名をつけられるようになった。

＊かいたん＝しつのよい石たん。

（　　　）

ア 小さく生まれたわりに大きく成長したこと。
イ がっしりした体格をそなえていたこと。
ウ 「かいたん」というあだ名をつけられたこと。
エ 学校でのせいせきがよくできたこと。
オ がっしりとした体格のため、優等賞をもらうことができたこと。

3 ——線「これ」は、何を指していますか。あとからえらんで、記号で答えなさい。（20点）

あなたの中で、いちばんすてきな顔というのは、おこったり、ないたり、しんこくぶっている顔ではなく、ほほえんでいる顔だ。相手《あいて》に向《む》かって、ほほえんでいる女性《じょせい》の顔はいちばん美しいでしょう。これは男だって同じです。ほほえみをうかべた男の顔がいちばん男らしいんだ。

（　　　）

ア ほほえんでいる顔がいちばんすてきな顔。
イ いちばんすてきな顔はしんこくぶらない顔。
ウ ほほえんでいる女性の美しい顔。
エ ほほえみをうかべた男らしい顔。

4 ――線「これ」は、何を指していますか。あとからえらんで、記号で答えなさい。（20点）

今の工業《こうぎょう》は産業《さんぎょう》システムの中の一部分《いちぶぶん》しか一人の人がたんとうしないからです。たとえば、一人の人がこう山*から鉄《てつ》をほるところからはじまって、あるいはそこまでいかなくても、せめて一人ですべての部品《ぶひん》をくみたてて車をつくっていくとするなら、これはおそろしくすばらしい体験《たいけん》になると思います。でも、それはゆるされない。流《なが》れ作業《さぎょう》とかの産業システムのなかの一部分だけ、ただいつも同じボルトをしめているしかないのです。そうすると、自分で何かをつくったという体験にはならない。

＊こう山＝金や鉄などの役《やく》に立つものをほり出す山。

ア 産業システムの中の一部分しかたんとうしない工業。

イ こう山で鉄ほりからはじめることや、すべての部品を一人でくみたてる車作り。

ウ 産業システムの中の流れ作業。

エ いつも同じボルトをしめるという作業。

（　　）

5 ――線「それ」は、何を指していますか。あとからえらんで、記号で答えなさい。（20点）

フロリダのわかい学者《がくしゃ》が、一頭のめすイルカに名前をつけ、それを発音《はつおん》させようとこころみた。イルカと人間では生態*《せいたい》が大きくことなるので、なかなかうまくいかなかった。それでも、少しうまくいったときには、その学者は頭を上下にうんうんとふった。二人の間ではそのしぐさが、たがいにりょうかいした、という合図だった。何度《なんど》もくりかえしているうちに、学者は、そのイルカが自分の名前とはべつの、イルカ語のある音せつを同時にくりかえし発音するのに気がついた。しかしそれが何を意味《いみ》するのかはわからなかった。そしてあるとき、はたと気づいた。「かのじょはわたしにイルカ語の名前をつけ、それをわたしに発音せよ、といっているのではないか。」そう思ったかれは、ひっしでその発音をこころみた。

（龍村《たつむら》　仁《じん》「ガイアの知性《ちせい》」）

＊生態＝動物《どうぶつ》や植物《しょくぶつ》がしぜんの中で生きている様子《ようす》。

ア 学者がつけた、めすイルカの名前。

イ 頭を上下するしぐさでりょうかいし合える合図。

ウ 自分の名前とはべつの、イルカ語のある音せつ。

（　　）

4 つなぎ言葉《ことば》

標準クラス

1 つぎの文の（　）に入るつなぎ言葉をあとからえらんで、記号《きごう》で答えなさい。

(1) 手をあらった。（　）、昼食《ちゅうしょく》を食べた。

(2) 山口君《くん》が入院《にゅういん》している。（　）、お見まいに行った。

(3) 二十メートルで苦《くる》しくなった。（　）、二十五メートルを泳《およ》ぎ切った。

(4) 道でつまずいて転《ころ》んでしまった。（　）、かいだんで足をふみはずした。

(5) 今日学校から帰ったら、野球《やきゅう》をしようか、（　）サッカーをしようか。

ア それから　**イ** さらに
ウ しかし　**エ** だから
オ つまり　**カ** それとも

2 （A）・（B）に入るつなぎ言葉をあとからえらんで、記号で答えなさい。

海はしおのふるさとです。海水一リットル中には、やく三十グラムのしおがとけています。（A　）、三パーセントのしおがとけています。海水からしおをとるには、水をじょう発《はつ》させればいいわけです。でも、三パーセントのしおをとるためには、のこりの九十七パーセントの水をとりのぞかなければなりません。（B　）、人びとは海水中のしおをのうりつよくとるために、むかしからいろいろなくふうをしてきました。

（片平《かたひら》 孝《たかし》「塩《しお》 海からきた宝石《ほうせき》」）

ア それから　**イ** さらに
ウ そこで　**エ** でも
オ つまり　**カ** なぜなら

答え▽べっさつ4ページ

3 つぎの文の——線のつなぎ言葉は使《つか》い方がまちがっています。（　）に正しいつなぎ言葉を書きなさい。

(1) 雨がふった。それとも、風までふいてきた。（　　）

(2) みんなで力を合わせてがんばった。つまり、試合《しあい》には負《ま》けてしまった。（　　）

(3) どうして、汽車や電車は、トンネルのなかでは、「ゴーッ。」というすごい音を立てるのでしょうか。それはトンネルが、横《よこ》に長いあなで、まわりはかたいコンクリートでしょう。けれども、音は、まわりのかべにぶつかってはね返《かえ》り、「ゴーッ。」という音になるのです。（　　）

(4) 黒いボールペン、しかも赤いボールペンで、マークを入れなさい。（　　）

4 （Ａ）〜（Ｃ）に入る言葉の組み合わせとして、もっともふさわしいものをあとからえらんで、記号で答えなさい。

ここに、三まいの写真《しゃしん》がならんでいます。右の写真はシオカラトンボ、真《ま》ん中はハグロトンボ、（Ａ）、左はオニヤンマです。

この三つは、体の長さもちがうし、形もみんなちがいます。（Ｂ）、この三つは、どれもトンボのなかまです。（Ｃ）、この三つをまとめて、トンボということができます。（　　）

ア　Ａ　しかし　Ｂ　また　Ｃ　つまり

イ　Ａ　そして　Ｂ　しかし　Ｃ　ですから

ウ　Ａ　そして　Ｂ　しかし　Ｃ　なぜなら

エ　Ａ　ですから　Ｂ　つまり　Ｃ　しかし

5 つぎの三つの文をつなぐ言葉をあとからえらんで、（　）に書きなさい。

(1)
けさは早く家を出た。
（　　）、バスがとちゅうでこしょうした。
（　　）、とうとうちこくしてしまった。

(2)
お母さんとケーキを買いに行きました。
（　　）、プレゼントを買いました。
（　　）、今日は妹のたん生日だからです。

ア　それから　**イ**　ところが
ウ　それで　**エ**　なぜなら

4 つなぎ言葉《ことば》

ハイクラス

時間 30分
合かく 80点
とく点 点

答え▼べっさつ5ページ

1 つぎの文は、二つに分けることができます。二つの文をつなぐ言葉をあとからえらんで、記号《きごう》で答えなさい。（10点）

理想《りそう》をえがくことはわるいことではありませんが、その理想は、あくまでも自分の理想であって、他人《たにん》の理想では意味《いみ》がないのです。（　　）

ア さて　イ しかし　ウ ところで　エ また

2 （A）〜（C）に入るつなぎ言葉をあとからえらんで、記号で答えなさい。（30点／一つ10点）

父と母はそのころ大正の大じしんのあと、せっせとはたらいてためたお金で、木ぞう平屋《ひらや》の家をたてたばかりだった。（A　　）、その木のかおりもあたらしい家をみがくのに、おからがいいと大工《だいく》さんがいったのだ。おからの汁《しる》をしみこませ、そのあとかわいたぬのでふきとるようにしてみがくのである。（B　　）、ニスとかワックスなどではけっしてでない、明るいアメ色のつやが、木にでてくるのである。

（C　　）、おからのそのような使《つか》い方は、当時あまり知られていなかった。

ア しかし　イ すると　ウ そして

3 （A）・（B）に入る言葉の組み合わせをあとからえらんで、記号で答えなさい。（10点）（　　）

方言《ほうげん》のちがいがひじょうにはげしいにもかかわらず、日本はどこへいっても共通語《きょうつうご》が通じる。私《わたし》は方言を研究《けんきゅう》してはいるが、じっさい農村《のうそん》や漁村《ぎょそん》で使われている言葉は、きいてもわからないものが多い。（A）その土地の人はよその地方から来た人だと思えば、共通語で話してくださる。（B）東京の人間にはこういうまねはできない。東京の言葉が共通語だと思っているから、ほかの地方の言葉を使おうとはしない。しかし東京以外《いがい》の地方はすべて自分の方言と共通語と、両方《りょうほう》使い分けている。これは実《じつ》に大したものである。

（金田一《きんだいち》春彦《はるひこ》「日本語を反省《はんせい》してみませんか」はぶいたり、短《みじか》くまとめたところがあります。）

ア　しかし・また　　イ　しかし・つまり
ウ　つまり・そして　　エ　ところが・しかし

4　（Ａ）～（Ｃ）に入る言葉をあとからえらんで、記号で答えなさい。（30点／一つ10点）

朝のあいさつと言えば、「おはよう」ですが、「早く」が「早う《はよ》」という形になってできた形です。「おはよう＋ございます」のように、おたがいに「早いことだ」というように声をかけ合うことがこのあいさつになったと考えられます。（Ａ　　）、芸能界《げいのうかい》ではいつでも「おはよう」を使うそうです。（Ｂ　　）、さいきんでは、飲食関係《いんしょくかんけい》のアルバイトに入るときなどでも、「おはよう」が昼でも夜でも使われているようです。

ついでながら、「こんにちは」「こんばんは」は、いずれも「今日」「今晩《こんばん》」のことを話題《わだい》にするもので、「今日＋は」「今晩＋は」という形になっています。（Ｃ　　）、「こんにちわ」「こんばんわ」などと書くのはまちがいです。

（森山　卓郎《たくろう》「コミュニケーションの日本語」はぶいたり、短くまとめたところがあります。）

ア　また　　イ　たとえば　　ウ　ですから　　エ　さて

5　（Ａ）・（Ｂ）に入る言葉をあとからえらんで、記号で答えなさい。（20点／一つ10点）

読み終《お》わってまこと君《くん》は、その手紙を、おかあさんに見せました。おかあさんは、

「あら、でも、この手紙では、ちょっとこまるわね。」

と、首をかしげました。まこと君は、どうしてだろうと思って、もう一度《いちど》、その手紙を読みなおしてみました。（Ａ　　）、

「あ、そうか。これでは、何時ごろ出かけるのかわからないな。」と気がつきました。


夕はんのとき、おとうさんにそうだんし、さっそく、返事《へんじ》を書きました。


次《つぎ》の朝、まこと君は、その手紙を、たかし君にわたしました。たかし君は、すぐあけて読みはじめました。すると、まもなく、

「やあ、しまった。これは大しっぱい。」

と言いました。（Ｂ　　）、

「ごめんね、まこと君。出かけるのは八時だよ、わかったね。」と言いました。

ア　しかし　　イ　すると　　ウ　こうして
エ　そして　　オ　ところで

5 慣用句《かんようく》・ことわざ

標準クラス

1 つぎの言葉《ことば》の意味《いみ》をあとからえらんで、記号《きごう》で答えなさい。

(1) 顔にどろをぬる（　　）
(2) 犬とさるの仲《なか》（　　）
(3) お茶をにごす（　　）
(4) 手が上がる（　　）
(5) ほねがおれる（　　）
(6) 口がすべる（　　）
(7) 首を長くする（　　）
(8) 舌《した》をまく（　　）

ア 上手になること　**イ** くろうすること
ウ はじをかかせること　**エ** 待《ま》ちわびること
オ うまくごまかすこと
カ おどろくこと
キ 仲が悪《わる》いこと
ク ていねいなこと
ケ うっかり話すこと
コ じまんすること

2 つぎの言葉の意味をあとからえらんで、記号で答えなさい。

(1) 顔が広い（　　）
(2) 歯《は》が立たない（　　）
(3) うり二つ（　　）
(4) 九死《きゅうし》に一生をえる（　　）
(5) 小春日《こはるび》より（　　）
(6) したつづみを打《う》つ（　　）
(7) かぶとをぬぐ（　　）
(8) ふでが立つ（　　）

ア 見分けがつかないほどよくにていること。
イ 相手《あいて》が強すぎて、たちうちできないこと。
ウ つき合いが広く、人によく知られること。
エ 死にそうになって、あやうく助《たす》かること。
オ こうさんすること。
カ 春のようにあたたかい冬の天こうのこと。
キ 食べ物《もの》がおいしくて、したを鳴らすこと。
ク 文章《ぶんしょう》を書くことが上手であること。

答え▼べっさつ6ページ

3 つぎの文の（　）に入る言葉をあとからえらんで、記号で答えなさい。

(1) ぼくとたかし君《くん》とは、（　）のようなあいだがらだった。だから、いつも意見《いけん》が合わず、言い合いをしていた。

(2) できるかぎりがんばった。しかし、どうにもならなくなって、とうとう（　）。

(3) きょうは、お姉さんの卒業式《そつぎょうしき》だった。お姉さんをはじめ多くの人が、この学校を（　）いった。

(4) 大事《だいじ》にしていたおもちゃを、どこかでなくしてしまった。ぼくは、それを（　）さがした。

(5) いつも元気なお兄さんが、お客《きゃく》さまがくると、（　）別人《べつじん》のようにおとなしくなるので、おかしかった。

ア ねこをかぶって　**イ** はらが黒い
ウ 水と油《あぶら》　**エ** す立って
オ かぶとをぬいだ　**カ** 血《ち》まなこになって
キ さじをなげた　**ク** 鼻《はな》にかける
ケ われにかえって　**コ** 目が高い

4 つぎのことわざの意味をあとからえらんで、記号で答えなさい。

(1) おびに短《みじか》したすきに長し（　）
(2) かべに耳ありしょうじに目あり（　）
(3) ちりもつもれば山となる（　）
(4) 短気《たんき》はそん気（　）
(5) 失敗《しっぱい》はせいこうのもと（　）

ア 小さいものでもつみ重《かさ》なると、大きなものになるということ。
イ 子どもはあまり寒《さむ》がらず、外で遊《あそ》ぶことからいう。
ウ にたりよったりで、たいしてちがいがないこと。
エ ひみつにしていてももれやすいので、用心しなさい。
オ ちゅうとはんぱで役《やく》に立たない。
カ 気短《きみじか》やせっかちを起《お》こすと、そんをすること。
キ 失敗してもくよくよするなといういましめ。

時間	30分
合かく	80点
とく点	点

答え▼べっさつ6ページ

1 つぎの□にそれぞれ共通《きょうつう》する動物《どうぶつ》の名前を漢字《かんじ》で入れて、慣用句やことわざを作りなさい。(15点/一つ5点)

(1)
□とさる (とても仲《なか》が悪《わる》いことのたとえ)
□も食わぬ (だれもこのまず、相手《あいて》にしないたとえ)

(2)
□に引かれて善光寺《ぜんこうじ》まいり (ほかのことにさそわれて、たまたまよい方へみちびかれることのたとえ)
□の歩み (物事《ものごと》の進《すす》み方がおそいことのたとえ)

(3)
□が合う (考えなどがにていて、相性《あいしょう》がよいたとえ)
□の耳にねんぶつ (いくら言ってもきき目がないこと)

(1)(　　) (2)(　　) (3)(　　)

---

2 つぎの(　)に、それぞれ漢数字一字を入れてことわざを作りなさい。また、それぞれの意味《いみ》を、あとからえらんで、(　)に記号《きごう》で答えなさい。(40点/完答で一つ8点)

(1) (　)階《かい》から目薬《めぐすり》 (　　)
(2) (　)転《ころ》び八起《お》き (　　)
(3) 石の上にも(　)年 (　　)
(4) 一寸《いっすん》の虫にも(　)分《ぶ》のたましい (　　)
(5) すずめ(　)までおどりわすれず (　　)

ア 何回失敗《しっぱい》しても、くじけずにがんばること。
イ 何事《なにごと》もしんぼう強くやれば、よい結果《けっか》がえられること。
ウ 物事が思うようにならないことや、きき目がないこと。
エ 小さく弱いものにも意地《いじ》があり、ばかにできないこと。
オ おさないとき身《み》についたことは、年をとってもかわらないこと。

3 〔　〕の中の意味をさんこうにして、つぎの文の（　）に入る言葉《ことば》をあとからえらんで、記号で答えなさい。（25点／一つ5点）

(1) 今月は使《つか》いすぎて、家計は（　）だ。
〔お金がなくて、一家のくらしむきが、たいへん苦《くる》しいこと〕

(2) かれは、しばいの下手な（　）役者《やくしゃ》だ。
〔えんぎがあまり上手くないこと〕

(3) かのじょにキャプテンとして（　）が立った。
〔多くの中から、とくにえらばれること〕

(4) 君《きみ》がすべてをやってしまうと、ぼくの（　）がない。
〔かつやくしたり、口をはさんだりする場《ば》面《めん》がないこと〕

(5) かのじょは、（　）をわったようなせいかくだ。
〔せいかくが、さっぱりしていること〕

ア 白羽の矢　**イ** 芸《げい》　**ウ** 火の車
エ 大根《だいこん》　**オ** やけ石に水　**カ** 竹
キ 出るまく　**ク** 口

4 つぎの□には体の一部《いちぶ》を表《あらわ》す漢字が入ります。それぞれに当てはまる共通の漢字一字を書きなさい。（20点／一つ5点）

(1) □
- が上がる
- にあまる
- が足りない
- も足も出ない

(2) □
- がきく
- が広い
- がつぶれる
- から火が出る
- が売れる

(3) □
- を食いしばる
- が立たない
- にきぬを着《き》せない
- がうく

(4) □
- がいたい
- にたこができる
- をうたがう
- をすます

チャレンジテスト①

1 つぎの(1)〜(5)の内容《ないよう》にふさわしい慣用句《かんようく》やことわざをあとからえらんで、記号《きごう》で答えなさい。（30点／一つ6点）

(1) わたしはよく予定《よてい》の金がくをこえて、買い物《もの》をしてしまう。（　）

(2) 子どものいたずらに親は苦労《くろう》する。（　）

(3) 金メダルをとった兄は、わたしのじまんである。（　）

(4) 人の話を聞かないわたしの弟は、何度注意《なんどちゅうい》してもわすれ物をする。（　）

(5) わたしは野さいがきらいだが、けんこうのために食べている。（　）

ア 鼻《はな》が高い　イ こしがひくい
ウ 足が出る　エ 頭かくしてしりかくさず
オ 手をやく　カ のれんにうでおし
キ せにはらはかえられない
ク 耳が早い

2 (1)〜(4)の——線の言葉《ことば》は、下のどの部分《ぶぶん》にかかりますか。その言葉を○でかこんで答えなさい。（20点／一つ5点）

(1) ふたたび　さきが　目を　開《あ》けた　とき、きりの　中に　人かげが　見えた。

(2) じっと　ふたりが　近づいて　くるのを　見ていた。

(3) ふいに、山ちょうふきんの　きりが　うすくなったと　思うと、太陽《たいよう》が　見えた。

(4) はっと　して　父さんを　見る。

3 つぎの文章《ぶんしょう》の——線①②は、それぞれだれの手ですか。あとからえらんで、記号で答えなさい。（10点）

アユは、河原《かわら》をはねて水辺《みずべ》にのがれようとしていた。（ゆたかは）それを両手《りょうて》ではばみ、河原に投《な》げ上げた。

「つかまえたのか」

勇一郎《ゆういちろう》があがってきて、電とうのてらす先で、

答え▼べっさつ7ページ

時間	30分
合かく	80点
とく点	点

力なくあばれているアユを見た。

①その手にも、アユがしっかりとにぎられていた。

②手にアユの感《かん》しょくがのこり、むねには、アユをにぎったときから今までの高ぶりがそのままのこっていた。

ア　①②ともに勇一郎の手
イ　①②ともにゆたかの手
ウ　①は勇一郎の手で②はゆたかの手
エ　①はゆたかの手で②は勇一郎の手

（　　）

4 つぎの文中の（Ａ）・（Ｂ）に入る言葉をあとからえらんで、記号で答えなさい。（20点／一つ10点）

「地球《ちきゅう》が丸いといっている外国の学者《がくしゃ》もおります。（Ａ）、ほんとうに、そのとおりで、新しい西回りの道が見つかれば、わが国は世界《せかい》中から宝《たから》を集《あつ》め、世界一の国になることができるかもしれません。」

この意見《いけん》にさんせいする者《もの》もいましたが、その日の会ぎでとうとうけつろんが出ませんでした。

それから二度《ど》、三度と会ぎが開《ひら》かれました。（Ｂ）、コロンブスの地球は丸いという説《せつ》による西回りのこうろのことを、ほんとうにわかってくれる人はほとんどいませんでした。

ア　また　　イ　もし
ウ　しかし　エ　だから

Ａ（　　）　Ｂ（　　）

5 つぎの文の組み立ては、あとのア～エのどれと同じですか。それぞれえらんで、記号で答えなさい。（20点／一つ5点）

(1) オリンピックが開かれる国は日本《にっぽん》だ。
(2) 北海道《ほっかいどう》は大雪で、大阪《おおさか》は晴天だ。
(3) 台風が近づいたので、大雨けいほうが出た。
(4) ゾウは長い鼻をのばしてリンゴを食べた。

(1)（　　）　(2)（　　）　(3)（　　）　(4)（　　）

ア　わたしは先生の話をねっしんに聞いた。
イ　学級会で司会《しかい》をするのはぼくだ。
ウ　おじいさんは山へしばかりに行き、おばあさんは川へせんたくに行った。
エ　雨がふったので、遠足は中止になった。

6 あらすじを読み取《と》る

標準クラス

答え▼べっさつ7ページ

1 つぎの文章《ぶんしょう》を読んで、あとの問《と》いに答えなさい。

ある町の広場に、金色の、りっぱな王子のぞうが立っていました。そこへ、南の国へ行くとちゅうのつばめが一わとんできて、王子のぞうのところに、ひとばんとまることにしました。

そのばん、雨もふっていないのに、つばめのはねに、つめたいしずくがあたりました。それは王子のなみだでした。王子は、病気《びょうき》の子どもをかかえてこまっている母親を見て、なみだを流《なが》していたのです。つばめは、王子にたのまれて、王子の刀についている赤いほう石を、その母親にとどけてあげました。王子のなみだに心うたれたのです。

つぎのばん、王子は、寒《さむ》さにふるえているわかい男と、まずしいマッチ売りの子に、自分の両方《りょうほう》の目にはまっているほう石をあげてくれと、つばめにたのみました。

とうとう王子は、かわいそうな人々に、からだにはりつけてある金まであげてしまいました。

つばめは、南の国に行くことをやめましたが、王子の手伝《てつだ》いができたことが幸《しあわ》せでした。冬になって、雪のふったある日、みすぼらしくなった王子のぞうの下で、つばめは、死《し》にました。王子のぞうもこわされました。けれども、王子とつばめは、神様《かみさま》の住《す》む天国へのぼっていきました。

（「幸《しあわ》せな王子」）

(1) （　）に文中の言葉《ことば》を入れて、あらすじをまとめなさい。

つばめは、（　　）へ行くとちゅう、ある町の広場の（　　）のところに着《つ》きました。そして、王子にたのまれて、（　　）や金をかわいそうな人々にとどけました。

(2) つばめは、なぜ南の国に行くことをやめたのですか。つぎからえらんで、記号《きごう》で答えなさい。（　　）

ア　ひと休みした町が気に入ったから。
イ　王子の手伝《てつだ》いで行くのをわすれたから。
ウ　王子のやさしい心に感心《かんしん》したから。
エ　王子のほう石がほしくなったから。

2 つぎの文章を読んで、あとの問いに答えなさい。

りょうかんさんの家のえんの下に、たけのこが、頭を出しました。

たけのこは、だんだん大きくなり、とうとう、その先が、えんがわの板《いた》につかえて、もうこのうえ、のびられなくなりました。

ある日のことです。ひょいとえんの下をのぞいたりょうかんさんが、このたけのこを見つけました。

「おやおや、これはかわいそうに。こんな苦《くる》しいめにあいながら、なぜ、だまっていたのじゃ。」

りょうかんさんは、えんがわの板を、はがしてやりました。たけのこがのびたいだけのばしてやろうと思ったのです。

たけのこは、毎日、ぐんぐんのびました。りょうかんさんよりたけが高くなって、とうとう、ひさしにとどきました。

こんどは、ひさしが、じゃまになってきました。

「待《ま》て待て、いいようにしてやるぞ。」

りょうかんさんは、金づちを持《も》ってきて、コンコンコンと、ひさしをたたきはじめました。

そして、とうとう、のき板をはがしてしまいました。

雨の日には、のきのあなから、雨がもって、かべやたたみをぬらすこともありました。けれども、りょうかんさんは平気《へいき》でした。毎日、たけのこがのびるのをながめながら、にこにこしていました。

(1) りょうかんさんは、えんの下のたけのこを見つけて、どんなことをしましたか。

（　　　　）

(2) りょうかんさんは、たけのこがひさしにとどいたとき、どんなことをしましたか。

（　　　　）

(3) のきのあなから雨がもっても、りょうかんさんは、どんな様子《ようす》でしたか。

（　　　　）

6 あらすじを読み取《と》る

ハイクラス

時間 30分
合かく 80点
とく点 　点

答え▼べっさつ8ページ

1 つぎの文章《ぶんしょう》を読んで、あとの問《と》いに答えなさい。

《「ぼく」は、オオハクチョウのすがたをカメラでとろうとしていた。》

シャッターチャンス！

ぼくはシャッターをきり、ともかく一まい、写《しゃ》真《しん》をとりました。

（　Ａ　）、オオハクチョウは今度《こんど》は体ごとこちらにむいたのです。そして、いきなり両方《りょうほう》のつばさを大きくひろげました。

またしても、シャッターチャンス！

ぼくはそのすがたも、写真にとりました。

つばさをひろげたオオハクチョウのすがたを正《しょう》面《めん》から写真にとれるなんて、めったにないこと……かどうかは、わかりませんが、とにかくぼくはうれしくなって、おもわず、

「やったね！」

と、ひとりごとをいいました。

ところが、ぼくが二まい目の写真をとりおわっても、オオハクチョウはつばさを大きくひろげたままで、こちらを見つめています。ぼくも、オオハクチョウを見つめました。すると、

「もういいか？」

という声がきこえたのです。

ぼくは、だれかが近くにいて、その人がほかのだれかと話をしているのだと思いました。ところが、そうではないようでした。（　Ｂ　）、今度《こんど》は一度目よりもっと大きい声で、

「もういいか？　いい写真はとれたのか？」

という声がきこえたからです。

ぼくはふりむきました。

でも、ぼくのうしろにも、いや、うしろだけではなく、近くには、だれもいませんでした。

ぼくがあたりを見まわしていると、三度目に声がしました。

「もういいなら、つばさをとじるぞ。」

声はうしろからではなかったのです。まえからでした。見れば、オオハクチョウがゆっくりとつばさをたたみはじめています。

ぼくはもう一度、あたりを見まわしました。

池の岸《きし》べには、すくなくとも五十メートル以内《いない》のきょりのところに、人はひとりもいません。池のボートには人が乗《の》っていましたが、いちばん近いボートでも、話し声がきこえるほど近くではありません。

声がきこえた方向《ほうこう》といい、言葉《ことば》のなかみといい、いちばんふさわしいのは、目のまえのオオハクチョウです。

ぼくがオオハクチョウを見つめていると、また声がきこえました。

「まあ、なんだよ、ほら。みんな、いそがしいからさ。このあたりでオオハクチョウを見たからって、びっくりしているひまはないのさ。」

その言葉がきこえると同時に、今度は、オオハクチョウのくちばしがうごいたのがわかりました。

しゃべったのはオオハクチョウにまちがいないと思いましたが、それでも、ねんのため、ぼくはオオハクチョウを見たまま、

「いま、口をきいたのは、あなたですか？」

ときいてみました。

（斉藤《さいとう》 洋《ひろし》「夜空の訪問者《ほうもんしゃ》」）

---

(1) この文章の内ように合っているものには○を、そうでないものには×をつけなさい。（40点／一つ10点）

ア（　）「ぼく」は、オオハクチョウの写真を二まいとった。

イ（　）「ぼく」は、オオハクチョウがしゃべったことにすぐに気がついた。

ウ（　）「ぼく」は、オオハクチョウが話すことはないとさい後まで思っていた。

エ（　）「ぼく」は、オオハクチョウに話しかけた。

(2) （Ａ）・（Ｂ）に入る言葉を、つぎからえらんで、記号《きごう》で答えなさい。（40点／一つ20点）

ア さて　**イ** すると　**ウ** でも　**エ** なぜなら

Ａ（　）　Ｂ（　）

(3) ——線「いちばんふさわしい」とありますが、「ぼく」が聞いた声は、どんなことから、何の声にふさわしかったのですか。文章中の言葉を使《つか》って答えなさい。（20点）

（　）

7 場面《ばめん》の様子《ようす》を読み取《と》る

標準クラス

答え▼べっさつ8ページ

1 つぎの文章《ぶんしょう》を読んで、あとの問《と》いに答えなさい。

《その日はめったにない〈かた雪〉の日でした。雪がひきしまって馬にひかせる馬《ば》そりがよくすべるのです。りんご畑《ばたけ》のえだ拾《ひろ》いの手つだいを終《お》えた後、お兄ちゃんが言いました。》

「おい、行くぞ。」

お兄ちゃんが、声をひそめて言いました。

「どこまでもどこまでも行くたんけんたいは、ふめつなのだ。」

すっかり日がくれたのに、これからたんけんに行くというのです。

きっと、しかられるにちがいありません。

でも、かた雪の日なんて、めったにありません。どこまでもどこまでも行ける日なんて、もう、これっきりかもしれないのです。

「よし、行くぞ。」

ぼくは、ぐんと馬そりをおしました。

「わたしも行く。」

妹がぴたっとなきやんで、ちゃっかり馬そりにとびのりました。

夕ぎりがゆるゆるとながれていました。

こな雪が風にふかれて、けむりのようにうずをまいています。

しずかでした。キシッキシッと、雪のきしむ音しか聞こえません。

ぼくらは青いかげをふみながら、どこまでもどこまでも、だまって馬そりをおしつづけました。

なだらかなおかに、馬そりをおし上げて、ひといきつきました。

ぼうっと銀色《ぎんいろ》にけむる雪野原の中に、ぽつんと黒くうかび上がっているのが、ぼくらの家でした。家をとりかこむように、りんご畑がひろがっています。ピンネシリの山は、もやにかくれて見えません。

「よくはたらいたよな。」

お兄ちゃんが、ひとり言のようにつぶやきました。

「うん。」

と、ぼくらはうなずきました。

――がんばって、はたらいた。ほこらしい気もちになりました。

「行くぞ。」

と、お兄ちゃんが言いました。

「おう!」

ぼくらはそろりと馬そりをおして、ぱっととびのりました。クマも、ワンと鳴いて、とびのってきました。

馬そりは、雪けむりをあげながらおかをかけ下り、そして、ふわっと、とび上がりました。

かた雪の日は、それきりでした。

すっかり雪がとけて五月になると、りんごの木たちは、今年もいっせいに花をひらきました。

雪のように、白い花です。


(後藤《ごとう》 竜二《りゅうじ》「りんごの花」)

(1) ――線「おい、行くぞ」とは、何をしに行くのですか。

（　　　　）

(2) 「ぼくら」がしたのは、どんな日の、どんな遊《あそ》びですか。

どんな日（　　　）

どんな遊び（　　　）

(3) 「ぼく」とだれとだれで遊んだのですか。

「ぼく」と（　　　）と（　　　）

(4) なだらかなおかの上についたときは、どんな様子《ようす》でしたか。つぎからえらんで、記号《きごう》で答えなさい。（　　）

ア 銀色にけむる雪野原の中に、ぽつんと「ぼくら」の家が黒くうかび上がっていた。

イ こな雪が風にふかれて、けむりのようにうずをまいていた。

ウ ピンネシリの山が、くっきりと、うかび上がっていた。

エ りんごの花がいっせいにひらき、あたりは雪のように白かった。

(5) 「ぼくら」がとびのった後、馬そりはどうなりましたか。

（　　　　）

7 場面《ばめん》の様子《ようす》を読《よ》み取《と》る

ハイクラス

時間 30分
合かく 80点
とく点 　点

答え▼べっさつ8ページ

1 つぎの文章《ぶんしょう》を読んで、あとの問《と》いに答えなさい。

角田《つのだ》センセーが、

「今朝《けさ》はシバれたねえ。今夜もシバれるようなら、スケート場をつくります！　お昼までに、天気予報《よほう》しらべて、つくるかつくらないか決《き》まるから。もし決まったら、今日はみんな、お昼に中庭《なかにわ》に出て遊《あそ》ぶこと！」

と、やっぱり最後《さいご》に！がつくようなしゃべり方でいって、とたんにワッとうれしそうにさわぐコたちと、①けげんそうなコたちに、教室がかっきり二つに分かれてしまった。

もちろん、チズルはぽかんとしてるほうで、スケート場をつくるからといって、なんで中庭で遊ばなきゃならないんだとふしぎだった。

「ちょっとちょっと、駿河《するが》クン。なんで、スケート場つくるのに、遊ぶのさ」

となりの席《せき》で、うれしそうにつくえのフタを閉《と》じたり開《あ》けたりしている男子の駿河クンにたずねると、駿河クンはちょっとバカにしたように鼻《はな》をピクピクさせて、

「おまえ、バカだな。スケート場つくるときは、雪ふんで、かたくしてから、水まくのさ。だから遊んで、雪、かたくすんだ」

そんなことも知らないのかといわんばかりにいうので、なんで、こいつが知ってるんだとチズルはおもしろくなかったが、それでも、スケート場をつくるところを見られるんだとおもうと、やっぱりワクワクしてくるのだった。

お昼の給食《きゅうしょく》を食べているとき、事務《じむ》の相良《さがら》サンという女の人がやってきて、教室の前の戸口から顔をのぞかせて、

「角田センセー、②決まりました」

といった。

そのころには、それまで事情《じじょう》を知らなかったコも、知ってるコに聞いてわかっていたので、ワッとさわいで、スプーンでカップをたたいたりして、

「ああ、もう！　しずかにしなさいっ」

と角田センセーにしかられたほどだった。

給食を食べおわるころにはもうぞくぞくと、中庭に生徒《せいと》が集《あつ》まってきているのが窓《まど》ごしに見えて、生徒はみんな五年生や六年生で、どうやらスケート授業《じゅぎょう》をする四年生以上《いじょう》が、スケート場づくりに協力《きょうりょく》するらしいのだった。

その日のこんだてはチズルの大好《す》きなラーメン汁《じる》なのに、③ろくに味《あじ》もわからないほどで、ちらちら中庭をうかがいながら、ラーメン汁をかっこんだ。

給食がおわると、

「じゃ、みんな、かぜひいてる人以外は、中庭に出て遊んでください！」

と角田センセーがいい、チズルたちはワーッと歓声《かんせい》を上げながら教室のうしろにかけていって、*アノラックやマフラーをひっつかんで、教室をとびだしていった。

（氷室《ひむろ》冴子《さえこ》「いもうと物語《ものがたり》」）

*シバれる＝たいへん寒《さむ》い様子《ようす》。

*アノラック＝寒さをふせぐフードつきの外着《そとぎ》。

(1) ——線①「けげんそうなコたち」とはどういう様子の子たちですか。つぎからえらんで、記号《きごう》で答えなさい。（20点）（　）

ア 先生の言ってる意味《いみ》がわからず、ふしぎに思っている子たち。

イ こんな寒い日なのに外に出るのはいやだな、と思っている子たち。

ウ 中庭で遊ぶのがすきでないので、どうしようかと思っている子たち。

(2) ——線②「決まりました」は、何が決まったのですか。（40点）

（　）

(3) ——線③「ろくに味もわからない」のはどうしてですか。つぎからえらんで、記号で答えなさい。（20点）（　）

ア 外に出るのがおくれると、いっしょにスケート場をつくる五、六年生にしかられるから。

イ スケート場づくりに協力すると思うと、早く外に出たくて落《お》ち着《つ》かないから。

ウ ラーメン汁がまだあついから。

(4) チズルはどんなことに気持《きも》ちをたかぶらせていますか。つぎからえらんで、記号で答えなさい。（20点）（　）

ア 先生のしゃべり方　**イ** 中庭で遊ぶこと

ウ スケート場をつくること

8 場面《ばめん》の変化《へんか》をつかむ

標準クラス

答え▽べっさつ8ページ

1 つぎの文章《ぶんしょう》を読んで、あとの問《と》いに答えなさい。

《ごんじいは、村のお祭《まつ》りに行って、おもちゃを売るのが仕事《しごと》でした。顔はきつねのままの子どもに化《ば》けたきつねをつれて、お店を開《ひら》いています。》

おばあさんは、こうたをよぶと、とろんとあまい水あめをぼうにまいてくれました。

「ありがとう、おばあさん。」

こうたは、お面《めん》を取《と》って、なめようとしました。

「わっ、わわわあっ……。」

ごんじいは、①あわててこうたの手をおさえながら言いました。

「さ、さあ、向《む》こうへ行って、おかぐらでも見ながらいただこうな。」

「わあい、おかぐら、おかぐら。あれっ、お面をかぶってる？　そうか、お面をかぶっていれば、上がっておどっていいんだね。おじさあん、ぼくもおどるよう！」

こうたは、手をふり足をふり、ぶたいへ上がっていきました。

テケテン　テンツク　テンツク　テン

ピイピイ　ヒャララ　ピイヒャラ　ドン

「あれ、子どものおかぐらだ。」

「うまいうまい。」

おどりつかれて、ひと休み。おじさんたちは、お面を取って、顔のあせをふきました。

「ぼくも、あせかいた。」

こうたも、ひょいとお面を取りました。

「ああっ、こうた……！」

ごんじいがかけよりましたが、間に合いません。

「ひえっ、お面を取っても、まだきつね？」

「ほ、本当のきつねだあ！」

「ええっ、ぼくの顔？　ぼく、顔だけきつねのままだったの。」

「いやだあ、コーン！」

こうたは、ひと声さけぶと、しっぽの先からきつねにもどって、いちもくさんに②にげ出しました。

「これこれ、にげなくてもいいんだよう。」

「つかまえたりなんか、しないよう。」

みんなが言うのも聞こえないのか、あっという間に、森の中へ消《き》えていってしまいました。

「こうた……。」

「やれやれ、いい子だったのにのう。」

お祭りが終《お》わって、お店をしまって、ごんじいはとうげの道を帰ります。

まがってまがって、七つ目のまがり角に来たとき——。

「あんれ？」

急《きゅう》に③車が、かるくなりました。

「ああっ、こうた……。」

「ごんじい、今日は楽しかったね。」

とうげまで来ると、いつの間にか、こうたはいなくなっていました。


（こわせ　たまみ「きつねをつれて村祭《むらまつ》り」）

(1) ごんじいはなぜ——線①「あわててこうたの手をおさえ」たのですか。

（　　　　　　　　）

(2) ——線②「にげ出しました」とありますが、こうたは、なぜにげ出したのですか。

（　　　　　　　　）

(3) お祭りの場面から、とうげの道の場面にかわるのはどこからですか。はじめの四字をぬき出しなさい。

□□□□

(4) ごんじいは、どんな気持《きも》ちでとうげの道を帰っていったのでしょう。つぎからえらんで、記号《きごう》で答えなさい。（　　）

ア こうたには、もうこりごりだと思った。
イ こうたにきらわれてしまったと思った。
ウ こうたはいい子だ。また会いたいと思った。
エ きょうは、お面がちっとも売れなかったなあと思った。

(5) ——線③「車が、かるくなりました」とありますが、だれが車をおしていたのですか。

（　　　　　　　　）

8 場面《ばめん》の変化《へんか》をつかむ

ハイクラス

時間 30分
合かく 80点
とく点　　点

答え▶べっさつ9ページ

1 つぎの文章《ぶんしょう》を読んで、あとの問《と》いに答えなさい。

「ねえ、ぼくのピアノ、きずつけちゃ、いやだよ——」

男の子(つねおちゃん)は、同じ言葉《ことば》を二度《にど》くりかえしました。そばにいたトラックの運転手《うんてんしゅ》が、ひくい声でなにごとか答えると、男の子は安心《あんしん》したようにうなずいて、ふたたび門の中へかけこみました。

「へえ、男のくせにピアノひくんか」

だれかが、すっとんきょうな声で言ったので、ぼくらはわらい声をたてました。ぼくの知るかぎり、ピアノは女の子のひくもので、それもかなりお金持《も》ちの家の子にかぎられていました。

（Ａ）言えば、ぼくらのまわりにはピアノをひくような女の子は、ひとりもいませんでした。

ぼくらが口をきくようになったのは、それから一週間もたってからでしょうか。

その日、ぼくとタッくんは、製材所《せいざいしょ》のうらの空き地で、手せいのひこうきをとばして遊《あそ》んでいました。いつの間にかつねおちゃんがぼくらのうしろに立っていました。

ぼくらは、すぐに気づきましたが、知らん顔をしていました。ただ、とばしたひこうきを拾《ひろ》うときなど、すばやく男の子を観察《かんさつ》していました。

五分くらいたったときです。

「ふん、だめだなあ」

つねおちゃんが、つぶやくように言うと、つかつかと空き地の中に入ってきました。そして、ちょうど地面《じめん》についらくしたばかりのぼくのひこうきをつまみあげました。

「あのさあ、＊主《しゅ》よくをもっとうしろにさげなくちゃあ、うまくとびゃあしないよ」

男の子は、人さし指《ゆび》の上にひこうきのどうたいをのせてバランスをはかってから、わゴムでとめてある主よくを、一センチばかりうしろにずらせました。

「おもりも、もうすこしつけたほうがいいんだけどねえ」

そう言いざま、ひこうきを空中にほうりあげました。今までしゃっくりするようなとび方しかしなかったぼくのあいき*が、まるでまほうにかかったみたいに、き首《しゅ》をただして上しょうし、そのままゆるやかなカーブをえがきながら、かっくうをはじめたのです。

　ぼくらは、しばしあぜん*としてひこうきのゆくえをながめていましたが、（　B　）歓声《かんせい》をあげて追《お》いかけました。ようやくちゃくりくしたひこうきをかいしゅうしたぼくは、そのままつねおちゃんのそばにかけよりました。

「ねえ、わしのもなおしてくれん？」タッくんが、自分のひこうきをさしだしました。

「そうねえ、これは尾《び》*よくが大きすぎるんだ。うちにおいでよ。そうしたらなおしてあげる」

　つねおちゃんは、返事《へんじ》も待《ま》たずに歩き出しました。ぼくらもきせきをまの当たりにした直後《ちょくご》だけに、（　C　）こうふんしてしまい、しごくとうぜんのことのように男の子のあとにつづきました。

（那須《なす》 正幹《まさもと》「ジ・エンド・オブ・ザ・ワールド」）

*主よく・尾よく＝ともに、ひこうきのつばさ。
*あいき＝気に入っているひこうき。
*あぜん＝あきれるさま。

---

(1) 文中の（Ａ）～（Ｃ）に入る言葉《ことば》をつぎからえらんで、記号《きごう》で答えなさい。（60点／一つ20点）

Ａ（　　）Ｂ（　　）Ｃ（　　）

ア やはり　**イ** すっかり　**ウ** さらに
エ やっと　**オ** すぐに

(2) ――線「知らん顔」をしているのに「観察してい」るのはなぜですか。そのせつ明としてふさわしいものをつぎからえらんで、記号で答えなさい。（40点）（　　）

ア つねおちゃんをなかまに入れたくなかったので知らん顔をしたが、実《じつ》はつねおちゃんが何を言ってくるかわからず不安《ふあん》だったから。

イ つねおちゃんとは会ったばかりで、まだ話をしたこともなかったので知らん顔をしたが、実はつねおちゃんがどんな子なのかとても知りたかったから。

ウ つねおちゃんにひこうきを取《と》られるといけないので知らん顔をしたが、実はいつつねおちゃんがひこうきを取りにくるか心配《しんぱい》だったから。

チャレンジテスト②

答え▼べっさつ9ページ

時間	30分
合かく	80点
とく点	点

1 つぎの文章《ぶんしょう》を読んで、あとの問《と》いに答えなさい。

勇一郎《ゆういちろう》は、河原《かわら》近くの水辺《みずべ》をかいちゅう電とうの明かりで、サーッとなでた。アユが二ひき、水《すい》面《めん》にはね、河原にとびあがりそうになって消《き》えた。

「夜のアユは、石のかげでじーっとねむってるんじゃ。光をあてんかぎり、手でさわっても、ほとんど動《うご》かん。こうじゃ、こうやって石の間を手でさぐっていくと、アユにさわる。それを両手《りょうて》で、サッとつかまえるんじゃ。」

身《み》ぶり手ぶりせつめいしだした勇一郎の話を聞いても、ゆたかは＊半信半疑《はんしんはんぎ》だった。

かいちゅう電とうの明かりを消《け》し、星の明かりだけしかなくなった黒い世界《せかい》で、川の中を手さぐりしている。ときどき、生き物《もの》が手にさわるが、その手をあわてて引っこめる。①＊川瀬《かわせ》の音さえ昼間とちがって聞こえる。ときどき、勇一郎を呼《よ》び、その返事《へんじ》を聞いて、気持《きも》ちを安心《あんしん》させている。勇一郎の返事がおくれれば、一人になったのではないかとの不安《ふあん》がよぎる。

「とったぞ。」

かいちゅう電とうをつけ、その声の方に向《む》ける。

「②水面をてらすな。」

とたんに勇一郎の声。その両手に、大きなアユがしっかりとにぎられている。勇一郎は、そのまま河原に上がって、カゴにアユを入れ、水の中にもどってきた。

「こわがっちゃだめだぞ。川の中には、人間の手を食いちぎるようなもんはおらん。」

瀬音《せおと》の中に、勇一郎の声。そのとおりだと思った。ゆたかは、水の中にしりをつけ、ひざをついて、手にさわるものはなんでもつかんでやろうと、石の間を手さぐりした。

「こっちをてらして。」

しばらくたって、勇一郎が、アユをつかんで上がっていった。（Ａ）

水ゴケのついた石は、つるつるとしている。その石の間をまさぐっているとき、手に何かさわった。尾《お》ヒレのようなものだ。（Ｂ）たしかな手ごたえが手の中であばれている。にぎりなおそうとしたが、力をゆるめたすきに逃《に》げられそうで、そのまま河原に走った。(C)＊川床《かわどこ》のでこぼこに足をとられ、水の中に転《ころ》んだが、そのまま起《お》き上がって河原に走った。かけあがったとき、手の中でアユがすべり、ツルリと逃げた。あわててかいちゅう電とうをつけ、アユをてらした。(D)アユは、河原をはねて水辺にのがれようとしていた。それを両手ではばみ、河原に投《な》げ上げた。

「つかまえたのか。」

勇一郎が上がってきて、電とうのてらす先で、力なくあばれているアユを見た。その手にも、アユがしっかりとにぎられていた。手にアユの感触《かんしょく》がのこり、むねには、アユをにぎったときから今までの高ぶりがそのままのこっていた。魚をつかまえたときの、なんとも言えないまんぞく感が、消え入りそうにあばれているアユを見つめているうちに、ゆたかのむねにわき上がってきた。なにもかもが、③はじめてのことだった。こんなにむねのときめくことも、自分の力で何かをするよろこびにつつまれることも……。

(笹山《ささやま》 久三《きゅうぞう》「ゆたかは鳥になりたかった」はぶいたり、短《みじか》くまとめたところがあります。)

＊半信半疑＝半分しんじて、半分うたがう。　＊川瀬＝川の流《なが》れのすじ。
＊川床＝川のそこの地面《じめん》。

(1) ——線①について、川瀬の音は、昼間とどのようにちがって聞こえるのですか。つぎからえらんで、記号《きごう》で答えなさい。(20点)

ア 新せん　イ ゆう大　ウ 不気味《ぶきみ》　(　　)

(2) ——線②について、なぜ水面をてらしてはいけないのですか。その理由《りゆう》となるアユの夜の様子《ようす》を表《あらわ》した部分《ぶぶん》を書きぬきなさい。(30点)

(　　)

(3) つぎの文は、本文の(A)〜(D)のどの部分に入りますか、記号で答えなさい。(30点)

「ゆたかは、その先を両手をつかって、がっちりとにぎった。」　(　　)

(4) ——線③から、どのようなことがわかりますか。つぎからえらんで、記号で答えなさい。(20点)

ア 主人公《しゅじんこう》ゆたかの成長《せいちょう》の様子。
イ 主人公ゆたかのアユとりがうまくなった様子。
ウ 主人公ゆたかが知った友だちの大切さ。

(　　)

9 行動《こうどう》から気持《きも》ちを読《よ》み取《と》る

標準クラス

答え▽べっさつ9ページ

1 つぎの文章《ぶんしょう》を読んで、あとの問《と》いに答えなさい。

《「ぼく」は文《ぶん》ぼう具屋《ぐや》の前に自転車《じてんしゃ》をとめて、*ろう石《せき》を買った。店から出ると自転車は消《き》えていた。次《つぎ》の日、友だちののぶちゃんが自転車にのって遊《あそ》びにきた。》

「東町《ひがしまち》公園へ野球《やきゅう》に行くよ。はやく、はやく！」

けれど、ぼくは、のぶちゃんといっしょに行かなかった。行かなかったのではなくて、行けなかった。

自転車の二人のりは学校できん止されていたし、東町公園まで歩いていくには一時間かかった。

「じゃあな。」

のぶちゃんは、行ってしまった。

ぼくは、自転車のベルをならして、かどをまがるのぶちゃんを見送《みおく》った。

おひさまは、ぼくの頭のま上にある。一日は、やっと半分終《お》わったところだ。自転車なしで、あとの半分をどうしよう。

ぼくの家のとなりのはらっぱを、おひさまが明るくてらしている。日かげに立っているぼくにはまぶしく見える。

まるで、しょう明にてらしだされた学校のホールのぶ台《たい》だ。これから学げい会がはじまるみたいだし、もう終わってしまったみたいでもある。

ぼくははらっぱへはいっていった。

ポケットに手を入れると、ろう石が出てきた。

ちぇっ、ろう石なんか買いに行かなければ、ぼくはいまごろ東町公園で野球をしていただろうな。ぼくがいなくて、だれがピッチャーをやっているんだろう。こんなろう石、すててしまえ。

ぼくは、ろう石をはらっぱのすみになげてしまおうと、ピッチャーのポーズをとった。

すると、ぼくはだれかの横目《よこめ》をかんじた。

ぼくを見ていたのは、石の上の一ぴきのとかげだった。

「やい、自転車をなくしていいきみだぞ。」

とかげの横目はそういっていた。

なまいきなとかげをおどろかせてやろうと、ぼくはとかげのいる石にろう石をなげた。

ナイスピッチングだ。

ろう石は石にあたった。

けれど、それだけではなかった。石にあたったろう石はバウンドして、とかげにあたった。

①ぼくは息《いき》をのんだ。
石の上に、とかげのしっぽだけがのこった。のこったしっぽはしばらくうごいていたけれど、やがてうごかなくなった。

ぼくはしっぽをぶらさげた。

なんてはらっぱはしずかなんだろう。世界《せかい》じゅうの人たちは、みんなじぶんの自転車にのって、どこかへ遊びにいってしまったんだ。世界じゅうはからっぽ。②ぼくはからっぽな世界のまん中に、一人ぼっちで立っている。


（舟崎《ふなざき》 靖子《やすこ》「やい、とかげ」）

*ろう石＝字や絵をかくのに使《つか》う、やわらかくてつるつるしている石。

---

(1) 「ぼく」の家のとなりのはらっぱを、何にたとえているか、書きなさい。
（　　　　）

(2) ――線①「ぼくは息をのんだ」とありますが、このときの「ぼく」の気持《きも》ちをつぎからえらんで、記号《きごう》で答えなさい。
ア うれしい気持ち。　**イ** おどろく気持ち。　（　　）
ウ こわがる気持ち。　**エ** ふしぎに思う気持ち。

(3) ――線②「ぼくはからっぽな世界のまん中に、一人ぼっちで立っている」とありますが、このときの「ぼく」の気持ちをつぎからえらんで、記号で答えなさい。　（　　）
ア なくした自転車を何とか早く見つけ出したいとあせっている気持ち。
イ 目ざわりなとかげも消えて、自転車のことをしずかに考えようと思う気持ち。
ウ 自転車をなくし、とかげもいなくなり、一人ですることもなく、さみしい気持ち。
エ 自転車をなくし、とかげのしっぽにろう石をあてた自分に対《たい》して、はらをたてる気持ち。

9 行動《こうどう》から気持《きも》ちを読《よ》み取《と》る

ハイクラス

時間 30分
合かく 80点
とく点 点

答え▼べっさつ10ページ

1 つぎの文章《ぶんしょう》を読んで、あとの問《と》いに答えなさい。

《父は「冷《ひ》え込《こ》んできたの」とひとりごちて、長いすの背《せ》もたれにかけてあったジャンパーを僕《ぼく》に差《さ》し出した。ぼく(ひろし)はだまってジャンパーを着《き》た。》

母が待合室《まちあいしつ》に入ってきたのを見て、父はこしを上げながらくらがりにうで時計《どけい》をすかした。

「ちょっと休んどれや。わしがゆうこ(ひろしの妹)についとるさかい」

「すみません、じゃあ、三十分ほど……」

父と入れかわりに長いすにすわった母は、①ひとつ長いため息《いき》をついたあと、気を取《と》り直すようにぼくをふり向《む》いてわらった。

「もうすぐ運動会《うんどうかい》やろ、かぜひいたらあかんで」

「だいじょうぶや」

「お父ちゃんもお母ちゃんもおべんとうこさえて行くさかいな。かけっこがんばりや」

「ええよ、そんなの」

「だいじょうぶ、ゆうちゃんの世話《せわ》はおばあちゃんに来てもらうさかい」

「来んでええて、ほんま」

「えんりょせんでもええやん」

「えんりょとちがうよ」

②*ぶっきらぼうに答えるぼくを、母はつかれきったえがおで見つめる。ぼくはもう母には目を向けない。見ると、つらくなる。かみの毛をかきむしりたくなってしまう。

「ぼくな……」つづく言葉《ことば》を考えず、ただちんもくの重《おも》みからにげるために言った。「おじいちゃんとこに引っこしてもええで。そのほうがええやろ。ぼくのごはんのことやらせんたくのことやら心配《しんぱい》せんでもええやん」

思いつきだったのかどうか、自分でもわからなかった。口に出してはじめて、そういう手もあるんやなあ、と知ったようにも思ったが、ずっと前からそれを考えていて、やっといま話を切り出せたのだという気もした。

母は「アホなこと言いなさんな」とわらった。

「じょうだんで言うたんとちがうよ、ぼくは本気や。夏休みかてできたんやさかい、だいじょうぶや、ぼく、ちゃんとええ子でおるよ」

「なに言うてんの。だいいちあんた、おじいちゃんとこ行ったら、学校もうつらなあかんのよ。転《てん》校《こう》してもええん？」

ぼくはうつむいて、「ええよ」と言った。エビスくんの顔、はまちゃんの顔、よしださんの顔、きくちゃんの顔、おざわの顔、何人もの友だちの顔が目まぐるしくうかんでは消《き》えた。

お母ちゃん、ぼく学校でいじめられとんねん、転校生のエビスくんに目ェつけられて、毎日どつかれて、はまちゃんらも口きいてくれへんねん……。のどもとまで出かかった言葉を、言うな、言うたらあかん、とおしとどめているうちに、③なみだがこみあげてきた。

＊ぶっきらぼう＝話し方やたいどに、あいそがないこと。

（重松《しげまつ》　清《きよし》「エビスくん」）

(1)　——線①「ひとつ長いため息をついた」から、母のどんな様子《ようす》がわかりますか。つぎからえらんで、記号《きごう》で答えなさい。（20点）（　　）

ア　おこっている様子　**イ**　ねむい様子

ウ　つかれている様子　**エ**　落《お》ち着《つ》かない様子

(2)　——線②におけるひろしの気持《きも》ちをせつ明している文として、もっともてきとうなものをつぎからえらんで、記号《きごう》で答えなさい。（40点）（　　）

ア　いつもおこられている母親にやさしくされて、はずかしがっている。

イ　ほんとうは運動会に来てほしいが、母親を気づかい強がっている。

ウ　ゆうこの病気《びょうき》がなおるのかはっきりしないので、いらいらしている。

エ　もう運動会でよろこぶ年でもないので、母親をうっとうしく感《かん》じている。

(3)　——線③「なみだがこみあげてきた」は、ひろしのどんな気持ちからですか。つぎからえらんで、記号で答えなさい。（40点）（　　）

ア　家族《かぞく》のたいへんさを見ると、弱々しい自分自身《じしん》をこくはくできないのでいら立つ。

イ　家族の様子を見ると、いつも妹が一番に考えられるのではらが立つ。

ウ　妹の病気を心配《しんぱい》する両親《りょうしん》を見て、いま以《い》上《じょう》に心配のたねをふやすことがつらい。

10 会話から気持《きも》ちを読み取《と》る

標準クラス

答え▼べっさつ10ページ

1 つぎの文章《ぶんしょう》を読んで、あとの問《と》いに答えなさい。

《退屈《たいくつ》していたライオンのじんざはサーカス小屋《ごや》のおじさんにかしてもらったぼうしをかぶり、マスクをつけ、人間の服《ふく》を着《き》て、夜の町へ散歩《さんぽ》に出かけた。》

「外はいいなあ。星がちくちくゆれて、北風にふきとびそうだなあ。」

ひとり言を言っていると、

「おじさん、サーカスのおじさん。」

と、声がした。

男の子が一人、立っていた。

「もう、ライオンはねむったかしら。ぼく、ちょっとだけ、そばへ行きたいんだけどなあ。」

じんざはおどろいて、（　Ａ　）たずねた。

「ライオンがすきなのかね。」

「うん、大すき。それなのに、ぼくたち①昼間サーカスを見たときは、何だかしょげていたの。だから、お見まいに来たんだよ。」

じんざは、（　Ｂ　）むねのあたりがあつくなった。

「ぼく、サーカスがすき。おこづかいためて、また来るんだ。」

「そうかい、そうかい、来ておくれ。ライオンもきっとよろこぶよ。でも、今夜はおそいから、もうお帰り。」

じんざは男の子の手を引いて、家まで②オクっていくことにした。

男の子のお父さんは、夜のつとめがあって、るす。お母さんが入院《にゅういん》しているので、つきそいのために、お姉さんも夕方から出かけていった。

「ぼくはるす番だけど、もうなれちゃった。それより、サーカスの話をして。」

「いいとも。ピエロはこんなふうにして……。」

じんざが、（　Ｃ　）おどけて歩いているときだった。暗《くら》いみぞの中にゲクッと足をつっこんだ。

「あいたた。ピエロも暗い所《ところ》は楽じゃない。」

じんざは、くじいた足にタオルをまきつけた。

すると、男の子は、首をかしげた。

「おじさんの顔、何だかけが生えてるみたい。」

「う、ううん。なあに、寒《さむ》いのでケガワをかぶっているのじゃよ。」

じんざは、あわてて向《む》こうを向いて、ぼうしをかぶり直した。

男の子のアパートは、道のそばの石がきの上にたっていた。じんざが見上げていると、部屋に灯《ひ》がともった。高いまどから顔を出して、

「サーカスのおじさん、おやすみなさい。あしたライオン見に行っていい？」

「来てやっておくれ。きっとよろこぶだろうよ。」

じんざが下から手をふった。

（川村《かわむら》 たかし「サーカスのライオン」）

(1) ——線①〜④のカタカナは漢字《かんじ》に、漢字はカタカナに直しなさい。

① 昼間（　　）　② オクって（　　）って

③ ケガワ（　　）　④ 部屋（　　）

---

(2) 文中の（Ａ）〜（Ｃ）に入る言葉《ことば》をつぎからえらんで、記号《きごう》で答えなさい。

Ａ（　）　Ｂ（　）　Ｃ（　）

ア ゆらゆら　**イ** もぐもぐ

ウ むかっと　**エ** めそめそ

オ ぐぐっと　**カ** ひょこひょこ

(3) ——線⑤「きっとよろこぶだろうよ」には、じんざのどんな気持《きも》ちがこめられていますか。つぎからえらんで、記号で答えなさい。

（　）

ア 男の子がサーカスに来てくれるので、サーカス小屋のお客《きゃく》がふえるぞという気持ち。

イ 男の子がサーカスに来てくれるので、そのとき、おじさんがライオンだったことをばらしておどろかせることができるという気持ち。

ウ 男の子が、本当に心からサーカスを楽しみにして来てくれるのでうれしい気持ち。

エ 男の子がサーカスに来てくれたなら、また、外に出ることができるぞという気持ち。

10 会話から気持《きも》ちを読《よ》み取《と》る

ハイクラス

時間 30分
合かく 80点
とく点 点

答え▼べっさつ10ページ

1 つぎの文章《ぶんしょう》を読んで、あとの問《と》いに答えなさい。

《ゆうすげ旅館《りょかん》は、つぼみさんという年とったおかみさんが一人できりもりしていた。ある日、つぼみさんは、夕はんの買い物《もの》から帰るとちゅう、ついひとりごとをいった。》

「せめて、いまとまっているお客《きゃく》さんたちが帰るまで、だれか、手つだってくれるひとがいないかしら……。」

そのよく朝のことです。つぼみさんが、朝ごはんのかたづけをしていると、台所《だいどころ》のドアのむこうで、

「おはようございます。」

と、かわいい声がしました。

つぼみさんが、台所のドアをあけると、色白のぽっちゃりとしたむすめが、ダイコンが何本もはいったかごをもって、たっていました。

「わたし、美月《みづき》っていいます。お手つだいにきました。」

「えっ?」

つぼみさんが、きょとんとすると、むすめは、したしそうにわらいました。

「ほら、きのうの午後、だれか手つだってくれるひとがいないかしらって、いってたでしょ。わたし、耳がいいから、きいてしまったんです。」

①「まあ……。」

つぼみさんは、そっと首をかしげました。買い物の帰り、だれにもあわなかったはずです。

(へんねえ。どこのむすめさんかしら?)

すると、むすめがいいました。

「わたし、こちらの畑《はたけ》をかりてる宇佐見《うさみ》のむすめです。父さんが、よろしくっていってました。これ、あの畑でつくったウサギダイコンです。」

むすめは、もってきたダイコンを、つぼみさんにさしだしました。

②(ああ、あのときの……。)

ゆうすげ旅館では、山の中に小さな畑をもっていました。でも、つぼみさんのご主人《しゅじん》がなくなったあと、畑は、たがやすひとがなくなって、草ぼ

うぼうになっていました。〈**ア**〉
ところが、去年《きょねん》の秋、そんな畑をかりたいという男のひとがやってきたのです。
「あんな山の中のふべんなところにある畑でいいんですか？　そのままにしておくのが気になっていましたから、かえって、こちらからおねがいして、かりていただきたいほどです。お礼《れい》なんていりませんからね。」〈**イ**〉
つぼみさんのことばをきくと、男のひとは、なんどもおじぎをして、③うれしそうに、帰っていきました。〈**ウ**〉
「あなた、宇佐見さんのむすめさんなの。じゃあ、せっかくきてくれたんだから、手つだってもらいましょうか。それにしても、みごとなダイコンだこと。ネズミダイコンなら、きいたことあるけど、ウサギダイコンっていうのもあるの……。」〈**エ**〉
この日の午前中、むすめは、くるくるとよくはたらきました。そうじもせんたくも、さっさとして、まるで、昔《むかし》から、ゆうすげ旅館を手つだってきたみたいなのです。
④（いいむすめさんが手つだいにきてくれて、ほんとによかった。）
つぼみさんは、からだがらくになったばかりか、たのしくしあわせな気持《きも》ちになりました。

（茂市《もいち》久美子《くみこ》「ゆうすげ村の小さな旅館」）

(1) ——線①「まあ……」とありますが、美月さんの言葉《ことば》を聞いたつぼみさんがこのように言ったのはどうしてですか。（20点）

（　　　　）

(2) ——線②「ああ、あのときの……」とありますが、つぼみさんが「あのとき」について思い出しているのはどこまでですか。**ア**〜**エ**の記号《きごう》で答えなさい。（20点）

（　　）

(3) ——線③「うれしそうに、帰っていきました」とありますが、男の人はどうしてうれしそうだったのですか。（20点）

（　　　　）

(4) ——線④「いいむすめさんが手つだいにきてくれて、ほんとによかった」とありますが、つぼみさんの様子《ようす》はどのようにかわりましたか。二つに分けて書きなさい。（40点／一つ20点）

（　　　　）
（　　　　）

11 気持《きも》ちの変化《へんか》をつかむ

標準クラス

答え べっさつ11ページ

1 つぎの文章《ぶんしょう》を読んで、あとの問《と》いに答えなさい。

女の子は、石じぞうのところまで、ゆらゆらとたどりつきました。けれど、もうひと足も進《すす》めなくなったのか、すわりこんでしまいました。そして、そのまま、①うつぶせにたおれました。

うつぶせにたおれたはずです。女の子のせなかは、べったりとやけどをしていました。それは、まるで、せなか一面《いちめん》に真《ま》っ赤《か》なぼたんの花でもはりつけているように見えました。

女の子は、しばらくじっとしていましたが、すぐ目の前に、石じぞうの顔を見つけると、

「②母ちゃん、水。」

と言いました。石じぞうのわらい顔を、お母さんかと思ったのでしょう。かさかさにかわいた口を開《あ》けて、

「水が飲《の》みたいよう。」

とくり返《かえ》します。太陽《たいよう》のてりつけるやけ野原に、水など一てきもあるはずがありません。女の子は、石じぞうを見つめて、

「水、……ねえ、……水……。」

と言います。そのうちに、女の子の声は、だんだん細くなっていきました。

すると、今までわらっていた③石じぞうの顔が、少しずつかわり始《はじ》めました。

ぎゅう、ぎゅう、ぐい、ぐいと、力が入っていたのです。

もう、「うふふっ。」とわらった顔ではなくなりました。口は、ぎゅっとむすんでいます。目は、ぐっとにらみつけています。

④石じぞうの顔は、こわれてしまいそうに、力いっぱいの顔になりました。まるで＊仁王《におう》さんの顔です。

「……水、……。」

女の子の声は、消《き》えてしまいそうになりました。

そのときです。

石じぞうのにらみつけた目玉から、ぽとりと、なみだの玉がこぼれたのです。石じぞうのなみだは、まん丸の玉になって、すなの上を転《ころ》がりました。それから次々《つぎつぎ》になみだは、ぽとぽと、ころころと転がって、女の子の口の中にとびこみました。なみだは、あとからあとからこぼれました。女の子は口からのどまでぬらして、うっくん、うっくん、うっくんと、石じぞうのなみだの水を飲みました。

長いことかかって、なみだの水を飲み終《お》わると、女の子は石じぞうを見つめました。そして、

「母ちゃん。」

と言って、少しわらいました。


（山口《やまぐち》　勇子《ゆうこ》「おこりじぞう」）

*仁王＝おこった顔のぶつぞう。

(1) ――線①「うつぶせにたおれました」について、つぎの問いに答えなさい。

① 「うつぶせ」の意味《いみ》を、つぎからえらんで、記号《きごう》で答えなさい。（　　）

ア あお向《む》けにねころぶ
イ 下向きにねころぶ
ウ 横《よこ》向きにねころぶ

② なぜ「うつぶせ」にたおれたのですか。

（　　）

(2) ――線②「母ちゃん、水」とありますが、だれが、だれに言ったのですか。

（　　）が（　　）に言った。

(3) ――線③で、石じぞうの口と目はどうなりましたか。その様子《ようす》を文中からぬき出しなさい。

口（　　）
目（　　）

(4) ――線④「石じぞうの顔は、～力いっぱいの顔になりました」とありますが、このときの石じぞうの気持《きも》ちをつぎからえらんで、記号で答えなさい。（　　）

ア いかり　**イ** あきらめ
ウ 感動《かんどう》　**エ** さびしさ

11 気持《きも》ちの変化《へんか》をつかむ

ハイクラス

時間 30分
合かく 80点
とく点 点

答え▼べっさつ11ページ

1 つぎの文章《ぶんしょう》を読んで、あとの問《と》いに答えなさい。

《初子《はつこ》は、同じクラスのミー子ちゃんのことで、清水《しみず》先生からあることをたのまれます。》

初子がうつむいたまま、だまってうなずくと、先生のしずかな声は、きゅうにうれしそうにかわり、

「そう、ありがとう。先生、だれにおねがいしようかと、ずいぶん考えたのよ。でも、見てたら、初《はっ》ちゃんが、いちばん適任《てきにん》だと思ったの。じゃあ、おねがいね。ミー子ちゃん係《かかり》ってったって、とくべつに勉強《べんきょう》をみるとか、そんなことよりも、なんとなくミー子ちゃんをかまってあげてほしいの。話しかけたり、なんかしてね。」

「はい。」

初子の顔には、ある決心《けっしん》の色がうかんでいました。さっそく席《せき》じゅんがかわり、初子はミー子ちゃんとならんで、いちばん入り口にちかい、うしろの席になりました。はずかしいのか、ミー子ちゃんはうつむきこんで、初子のほうを見むきもしません。だいたい、ミー子ちゃんという子は、一年生のときから教室のなかでは、ぜったいに口をきかない子だったのです。教室ばかりでなく、あそぶ時間にも、ひとりみんなとはなれて、ポプラの木にもたれて、しょんぼりしているのでした。そして、みんなもミー子ちゃんのことは、＊目にもつかないというようなふりをして、相手《あいて》にしなかったのです。今年、清水先生がこのクラスにきてから、はじめてミー子ちゃんは、先生のほうから問題《もんだい》にされるようになりました。四十五人のクラスのなかでミー子ちゃんは、いちばん先生にかまわれています。花だんの手いれをするとき、先生はかならず、ミー子ちゃんといっしょでした。遠足《えんそく》のとき、先生はかならず、ミー子ちゃんと手をつないで歩きました。

初子は、そんなミー子ちゃんと先生のすがたを思いだし、「あ、あの役《やく》をわたしがするんだわ。」と、心の中でさとりました。でも、ほんとうをいうと、あんまりうれしいことには思えなかったの

です。

　けれど、家へ帰って、少し不平《ふへい》がましくお母さんに話すと、

「そりゃあ初子、いい役目《やくめ》よ。ね、初子ならと信用《しんよう》されたしょうこじゃないか。しっかりやりなさい。」

といわれ、なみだぐんでいるお母さんを見ると、①きゅうに胸《むね》のなかがほかほかしてきました。

　よく朝です。初子は、少しまわり道をして、

「ミー子ちゃん。」

と、板《いた》べいの外から声をかけました。さそってくれる友だちなど、つい*ぞなかったらしく、おどろいたような声で、へんじをしてでてきたのは、ミー子ちゃんのお母さんでした。

「まあ、さそってくだすったの。ありがとうね。」

　そして、家のなかにかけこみ、

「さ、さ、ミー子や、初子さんよ。早く、早く。」

　でてきたミー子ちゃんは、あごのところにえくぼをつくって、にっと初子にわらいかけ、いそいでうつむきました。②それは、初子がはじめて見るミー子ちゃんのえくぼでした。

（壺井《つぼい》　栄《さかえ》「えくぼ」）


*目にもつかない＝すがたを見ても気にとめない。

*ついぞ（〜ない）＝今まで一度《いちど》も（ない）。

(1)　初子が清水先生からたのまれたのは、どんなことでしたか。文章中から七字でぬき出しなさい。（20点）

□□□□□□□になること。

(2)　――線①「きゅうに胸のなかがほかほかしてきました」とありますが、このときの初子の気持ちをつぎからえらんで、記号《きごう》で答えなさい。（40点）

ア　うまくやれるかどうか、心配《しんぱい》だ。
イ　お母さんを悲《かな》しませたくない。
ウ　うれしいことではないが、しょうがない。
エ　しっかりと自分の役目をはたそう。

（　）

(3)　――線②「それは、初子がはじめて見るミー子ちゃんのえくぼでした」とありますが、このときのミー子ちゃんの気持ちをつぎからえらんで、記号で答えなさい。（40点）

ア　おかしい気持ち。　**イ**　うれしい気持ち。
ウ　はずかしい気持ち。
エ　ふしぎに思う気持ち。

（　）

チャレンジテスト③

1 つぎの文章《ぶんしょう》を読んで、あとの問《と》いに答えなさい。

《体育《たいいく》で鉄《てつ》ぼうをすることになった。》

男子のあとに女子で、せの順《じゅん》に一人ずつ鉄ぼうをするわきで、橋本《はしもと》先生がほじょをした。しり上がりや足かけ上がりは、ミツエにもできた。

「　A　」

ミツエは死《し》にたくなった。列《れつ》からすこし横《よこ》に出て、先にさか上がりをしている男子から何かさんこうになることを見つけようと、一人一人のさか上がりをよく見た。さか上がりができる子は、なぜあんなに何でもないことのように、鉄ぼうにまきついてしまえるのだろう、うでの力が強いのだろうか、けり上げ方が上手なのだろうか、と見ながら考えた。男子で一番やせている高橋《たかはし》くんは、まきつけずにとちゅうでほぐれてしまった。自分もああなるのだ、とミツエは思った。

男子が終《お》わり、女子で一番せの低《ひく》いミツエの番になった。見たことも、考えたことも、もう何の役《やく》にも立たなかった。わかるのはただ、みんなが見ていることと、すぐ横に橋本先生がいることだけだった。ミツエは目をつむるような気持《きも》ちで鉄ぼうをつかみ、足をふり上げた。先生が手でおしりをささえてくれたが、足はストンと落《お》ちてしまった。

「　B　」

と先生は言ってくれたが、やっぱりだめだった、とはずかしさを感《かん》じながら、男子たちの横にしゃがんだ。でも、とミツエは、今感《かん》じたものを、もう一度《いちど》思い出してみた。鉄ぼうをしながら感じた感じは、する前に思っていたのと、①すこしちがっていた。さか上がりをしたときは、鉄ぼうが遠い感じで、うでに力が入らず、体がばらばらになってしまうような感じだった。でも今回は、そのときよりも、すこし鉄ぼうが自分の中心に近い感じで、体も前ほどばらばらではなかったような気がする。

授業《じゅぎょう》がぜんぶ終わると、ミツエはそうじ当番の関《せき》のぼるに「鉄ぼうのところで待《ま》ってる」と言っ

時間	30分
合かく	80点
とく点	点

答え→べっさつ11ページ

て校庭《こうてい》へ走っていった。そしてランドセルを地面《じめん》におき、鉄ぼうをにぎった。さっきの体そうの時間、もうすこし鉄ぼうをやっていたいような気がしたのだ。そんなことははじめてだった。

　ミツエがさか上がりのれんしゅうをしていると、大山すみ子と根本《ねもと》ちよがブランコのところに来てしゃがんだ。そうじ当番のきみづかてる子と二谷カヨ子を待つらしい。

　何度目《なんどめ》かに足をけり上げたとき、ミツエは②今までとまったくちがう感じがして、頭の中が真《ま》っ白になった。何が起《お》こったのかわからなかったが、*眼帯《がんたい》をはずしたときのように、自分のまわりがはれつしたような感じがした。自分のまわりの空気にヒビが入って、空気がわれたような感じがしたのだった。その真ん中に自分がいる。空がぐらぐらゆれて、大きなわらい声を出しているような気がした。

　自分がわらっているのだ。自分は今、わらっている、と強く感じながら、ミツエは自分の中からこみ上げてくるわらいを声に出した。今までわらったことはなかったというふしぎな感じがした。

（千刈《ひかり》　あがた「野菊《のぎく》とバイエル」はぶいたり、短《みじか》くまとめたところがあります。）

*眼帯＝目の病気《びょうき》のとき、目の上をおおうもの。

(1) 「A」・「B」に入る言葉《ことば》をつぎからえらんで、記号《きごう》で答えなさい。（40点／一つ20点）

A（　）　B（　）

ア できた！　イ つぎはさか上がり

ウ もう一息《ひといき》だ　エ できたじゃないか！

(2) ——線①「すこしちがっていた」とありますが、前とくらべて今回はどうちがっていたのですか。当てはまる方に○をつけなさい。（20点）

ア（　）鉄ぼうが遠い感じで、うでに力が入らず、体がばらばらになってしまうような感じがした。

イ（　）すこし鉄ぼうが自分の中心に近い感じで、体も前ほどばらばらではなかったような気がした。

(3) ——線②「今までとまったくちがう感じがして」とありますが、それはどんな感じがしたというのですか。そのことについて書いてある四文をさがし、はじめと終《お》わりの四字をぬき出しなさい。（句読点《くとうてん》も一字と数えます。）（40点）

□□□□～□□□□

12 感動《かんどう》をつかむ

標準クラス

1 つぎの詩《し》を読んで、あとの問《と》いに答えなさい。

ガスの出る音

小野《おの》 十三郎《とおざぶろう》

朝のガスは
四時ごろに出る。
ああ　おかあさんだな
もうおきている。
ぼくは二階《にかい》で
おとうさんのよこ。
おとうさんだめだよ
そんなにえびになっちゃ。
外は
まだまっくら。
しゅうしゅうと
ガスの出る音がしている。

(1) 「ぼく」は今、どこでどうしているのですか。
（　　　　）

(2) ——線「そんなにえびになっちゃ」とありますが、おとうさんの様子《ようす》をつぎからえらんで、記号《きごう》で答えなさい。（　　）

ア 体を丸めている。
イ 赤くなっている。
ウ 起《お》きようとしている。
エ 服《ふく》を着《き》がえている。

(3) 作者がこの詩でえがきたかったのはどのような様子ですか。つぎからえらんで、記号で答えなさい。（　　）

ア 朝の、なかなか起きることができない様子。
イ 自分の家族《かぞく》の一日のはじまりの様子。
ウ 母親をなつかしく思い出している様子。
エ ガスの出る音のあわただしい様子。

答え▼べっさつ12ページ

2 つぎの詩を読んで、あとの問いに答えなさい。

水平線《すいへいせん》

小泉《こいずみ》 周二《しゅうじ》

水平線がある
一直線にある
ゆれているはずなのに
一直線にある

水平線がある
はっきりとある
空とはちがうぞと
はっきりとある

水平線がある
どこまでもある
ほんとうの強さみたいに
どこまでもある

(1) この詩で使《つか》われている表《ひょう》げんの方ほうを、つぎからすべてえらんで、記号で答なさい。

ア 同じ言葉《ことば》のくり返し
イ 音を表《あらわ》す言葉
ウ たとえた言い方
エ 言葉のじゅん番を変《か》えた表げん

(　　)

(2) 水平線の様子が表げんされている、三つの行を書きぬきなさい。

(3) 水平線はどのような様子ですか。つぎからえらんで、記号で答えなさい。

ア 動《うご》きが少なくて、たいくつな様子。
イ あらあらしくて、近づきがたい様子。
ウ 力強く、遠くまでつづいている様子。
エ へんかがはげしく、じっとしていない様子。

(　　)

時間 30分
合かく 80点
とく点 点

答え べっさつ12ページ

1 つぎの詩《し》を読んで、あとの問《と》いに答えなさい。

丸山《まるやま》 薫《かおる》

①どうだろう
□
このさわなりの音は
山々の雪をあつめて
（ A ）と谷にあふれて流《なが》れくだる
このすさまじい水音は

ゆるみかけた（ B ）の下から
一つ一つ木の枝《えだ》がはね起《お》きる
それらは固《かた》い芽《め》のたまをつけ
ふてきなむちのように
②人のひたいを打《う》つ
やがて 山すその林はうっすらと
緑《みどり》いろに色づくだろう
その中《うち》に 早くも
こぶしの白い花もひらくだろう
朝早く 授業《じゅぎょう》の始《はじ》めに
一人の女の子が手をあげた
――先生 つばめがきました

(1) （A）に入る言葉《ことば》をつぎからえらんで、記号《きごう》で答えなさい。（10点）
ア ちょろちょろ **イ** がらがら
ウ びしょびしょ **エ** ごうごう
（ ）

(2) （B）に入る言葉を、詩の中から漢字《かんじ》一字でぬき出しなさい。（10点）
□

(3) ――線①「どうだろう」には、どんな気持《きも》ちがこめられていますか。つぎからえらんで、記号で答えなさい。（10点）
ア いかり **イ** 感動
ウ うたがい **エ** とまどい
（ ）

(4) ――線②「人のひたいを打つ」ものは何ですか。詩の中の言葉をぬき出しなさい。（10点）
（ ）

(5) この詩の中で、新しいきせつのおとずれに対《たい》するよろこびがもっとも強く表《あらわ》されている言葉はどれですか。書き出しなさい。（10点）

（　　　　）

(6) この詩の題名《だいめい》としててきとうなものをつぎからえらんで、記号で答えなさい。（20点）

（　　）

ア 北の春　**イ** つばめ

ウ 小川の雪　**エ** 色づく山

2 つぎの詩を読んで、あとの問いに答えなさい。

病気《びょうき》になったら（一部《いちぶ》）

晴佐久《はれさく》 昌英《まさひで》

病気になったら　どんどん泣《な》こう
いたくてねむれないといって泣き
手術《しゅじゅつ》がこわいといってなみだぐみ
死《し》にたくないよといって（　）しよう
はじもがいぶんもいらない
いつものやせがまんやみえっぱりを捨《す》て
かっこわるくなみだをこぼそう
またとないチャンスをもらったのだ
じぶんの弱さをそのまま受《う》け入れるチャンスを

(1) （　）に入る言葉としてふさわしいものを、つぎからえらんで、記号で答えなさい。（15点）

（　　）

ア しくしく
イ ぼろぼろ
ウ はらはら
エ めそめそ
オ ふらふら

(2) ――線「じぶんの弱さ」とありますが、ぐたいてきにはどのようなことですか。ふさわしいものをつぎからえらんで、記号で答えなさい。（15点）

（　　）

ア 病気になって手術をすること。
イ 手術を受ける体力がないこと。
ウ いつか死ぬうんめいにあるということ。
エ 手術を受けてもなおらないかもしれないこと。
オ 死ぬことをおそれて、不安《ふあん》になること。

13 リズムを感《かん》じる

標準クラス

1 つぎの詩《し》を読んで、あとの問《と》いに答えなさい。

たんじょうび　　かえる　たくお

ひらり　もらった　おしらせてがみ
たんじょうパーティ　ごしょうたい
すてきな　あのこの　おまねきだ
よっ、ほい！

ぴょんと　さがしに　プレゼント
うきくさ　あつめて　みどりのぼうし
きっと　あのこに　にあうだろう
よっ、ほい！

ぼくも　おしゃれを　せにゃならぬ
あまぐつ　あまがさ　あまがっぱ
あのことおなじ　みどりいろ
よっ、ほい！

うたって　おどって　わになって
たんじょうパーティ　さいこうちょう
あのこ　にっこり　ぼく　にっこり
よっ、ほい！
よっ、ほい！

（工藤《くどう》 直子《なおこ》「のはらうた1」）

(1) この詩でくり返《かえ》し使《つか》われているのは、どのような言葉《ことば》ですか。詩の中からぬき出しなさい。
（　　　　）

(2) この詩の表《ひょう》げんに当《あ》てはまるものをつぎからえらんで、記号《きごう》で答えなさい。（　　）
ア 軽《かる》い調子《ちょうし》でふざけた感《かん》じを表げんしている。
イ おっとりした調子でのどかさを表げんしている。
ウ 調子のよいリズムで楽しさを表げんしている。

答え▼べっさつ12ページ

エ はぎれよい調子ですばやさを表げんしている。

(3) この詩は、どのような色のどのような生き物《もの》が書いた詩ということになっていますか。色と生き物をそれぞれ答えなさい。

色（　　　　）
生き物（　　　　）

2 つぎの詩を読んで、あとの問いに答えなさい。

わたしと小鳥とすずと　金子《かねこ》　みすゞ

わたしが両手《りょうて》をひろげても、
お空はちっともとべないが、
とべる小鳥はわたしのように、
地面《じべた》をはやくは走れない。

わたしがからだをゆすっても、
きれいな音は出ないけど、
あの鳴るすずはわたしのように、
たくさんなうたは知らないよ。

すずと、小鳥と、それからわたし、
みんなちがって、みんないい。

(1) ――線「みんなちがって、みんないい。」とありますが、「すず」と「小鳥」と「わたし」のちがいをくらべて、どんなところが「いい」といっているのですか。つぎからえらんで、記号で答えなさい。（　）

ア それぞれちがいがあって、それぞれにできないことがあるところ。
イ それぞれちがいがあって、それぞれにできることがあるところ。
ウ それぞれちがいがあって、それぞれにできることもできないこともあるところ。

(2) この詩の音読のしかたとして、てきとうなものをつぎからえらんで、記号で答えなさい。（　）

ア 詩のリズムに合わせて、はっきりとした発音《はつおん》で読む。
イ 詩のリズムにかんけいなく、言葉を一つ一つくぎって読む。
ウ 流《なが》れるような調子で、早口で読む。

13 リズムを感《かん》じる

ハイクラス

時間 30分
合かく 80点
とく点　点

答え▼べっさつ13ページ

1 つぎの詩《し》を読んで、あとの問《と》いに答えなさい。

ピアノやめたい　　糸井《いとい》　重里《しげさと》

きょうこそ　いおう
きょうこそ　ママに　いおう
①あのこと

いったら　しかられるかな
いったら　わらわれるかな
いつ　いおう
あさかな　ごごかな　よるかな
ほんとに　いえるかな

ちょっと　れんしゅうしてみる
ママ　あのね
わたし
ピアノ
やめたい

②ママママママママあのねあのねあのね
わたしわたしわたしわたしピアノピアノ
ピアノピアノピアノ
やめたいやめたいやめたいやめたい
いえるかな　いえるかな

(1) ――線①「あのこと」とは、どのようなことですか。（　）に言葉《ことば》を書きなさい。(20点)
（　　　）を（　　　）ということ。

(2) ――線②の部分《ぶぶん》から、どのような様子《ようす》がわかりますか。つぎからえらんで、記号《きごう》で答えなさい。(20点)（　）
ア むずかしい言葉を、うまく言えない様子。
イ 何度《なんど》も口に出して、練習《れんしゅう》している様子。
ウ「ママ(母親)」に対《たい》し、あまえている様子。
エ おもしろい言葉で、楽しんでいる様子。

2 つぎの詩を読んで、あとの問いに答えなさい。

□

新美《にいみ》 南吉《なんきち》

牛は重《おも》いものをひくので
首をたれて歩く
牛は重いものをひくので
地びた《(地べた)》をにらんで歩く
牛は重いものをひくので
短《みじか》い足で歩く
牛は重いものをひくので
のろりのろり歩く
牛は重いものをひくので
静《しず》かなひとみで歩く
牛は重いものをひくので
輪《わ》の音にきき入りながら歩く
牛は重いものをひくので
首を少しずつ左右にふる
牛は重いものをひくので
ゆっくりたくさんたべる
牛は重いものをひくので
だまって＊反芻《はんすう》している
牛は重いものをひくので
休みにはうっとりしている

＊反芻＝かみなおすこと。

---

(1) この詩の表《ひょう》げんのとくちょうに当てはまるものを、つぎから二つえらんで、記号で答えなさい。(20点／一つ10点)

ア 二行一連《れん》で、十連かさねた形式《けいしき》である。
イ リズミカルなものにしたてている。
ウ 牛を人間のようにたとえて、読む者《もの》に、牛へのあわれみの気持《きも》ちを深《ふか》めさせている。
エ 第《だい》一行がくり返され、作者が心を動《うご》かされたことが強調《きょうちょう》されている。

(　　)(　　)

(2) つぎの文の(Ａ)・(Ｂ)に入る言葉をあとからえらんで、記号で答えなさい。(20点／一つ10点)

もくもくと首をたれて歩くのも、地べたをにらんで歩くのも、重いものをひいているからだ。そのためにはすらりとした(　Ａ　)な足ではつとまらないし、(　Ｂ　)と歩いたのではすぐ息《いき》ぎれしてしまう。

ア じょうぶ　イ きゃしゃ
ウ つかつか　エ のろのろ

Ａ(　　)　Ｂ(　　)

(3) この詩の題名《だいめい》を、漢字《かんじ》一字で書きなさい。(20点)

□

チャレンジテスト④

答え▼べっさつ13ページ

時間	合かく	とく点
30分	80点	点

1 つぎの詩《し》を読んで、あとの問《と》いに答えなさい。

どこかで春が　百田《ももた》 宗治《そうじ》

どこかで「（　Ａ　）」が
生まれてる、
どこかで水が
ながれ出す。

どこかでひばりが
ないている、
どこかで芽《め》の出る
（　Ｂ　）がする。

山の三月
＊東風《こち》ふいて
どこかで「（　Ａ　）」が
生まれてる。

＊東風＝決《き》まったきせつに東からふいてくる風。

(1) （Ａ）・（Ｂ）に入る言葉《ことば》をつぎからえらんで、記号《きごう》で答えなさい。(20点／一つ10点)

ア 虫　**イ** 風　**ウ** 春　**エ** 音　**オ** 光　**カ** 人

Ａ（　　）Ｂ（　　）

(2) この詩の読み方としてもっともてきとうなものをつぎからえらんで、記号で答えなさい。(10点)（　　）

ア なかまをはげますように読む。
イ リズムをとって、かろやかに読む。
ウ 何が起《お》こったのか、考えるように読む。
エ みんなに知らせるように読む。

(3) この詩は何連《れん》からなっていますか。(10点)（　　）連

(4) この詩についてのべた文で、もっともてきとうなものをつぎからえらんで、記号で答えなさい。(10点)（　　）

ア 七音・五音（音の数が七音・五音）がくり返《かえ》されて、リズムがよい。
イ どこにでもある様子《ようす》が、よくわかる。
ウ まわりの様子が、人のすることのようにかかれている。

2 つぎの詩を読んで、あとの問いに答えなさい。

星とたんぽぽ

金子《かねこ》 みすゞ

青いお空のそこふかく、
海の小石のそのように、
（ A ）がくるまでしずんでる、
昼のお星はめにみえぬ。
　見えぬけれどもあるんだよ、
　見えぬものでもあるんだよ。

散《ち》ってすがれた《かれはじめた》たんぽぽの、
かわらのすきに、だァまって、
（ B ）のくるまでかくれてる、
つよいその根《ね》はめにみえぬ。
　見えぬけれどもあるんだよ、
　見えぬものでもあるんだよ。

(1) （A）・（B）に入る言葉を、つぎからえらんで、記号で答えなさい。（10点／一つ5点）

ア 春　**イ** 夏
ウ 朝　**エ** 夜

A（　　）　B（　　）

(2) この詩の中で使《つか》われている表《ひょう》げんのくふうを、つぎから二つえらんで、記号で答えなさい。（20点／一つ10点）（　　）（　　）

ア 七音・五音（音の数が七音、五音）をくり返すことで、詩のリズムをつくっている。
イ 同じ言葉をくり返すことで、意味《いみ》を強めている。
ウ 言葉のじゅんじょを逆《ぎゃく》にすることで、世《せ》界《かい》を広げている。
エ 物《もの》を表《あらわ》す言葉で終《お》わり、リズムにくふうがされている。

(3) この詩で、作者《さくしゃ》はどんなものに気づくことが大切だといっていますか。つぎからえらんで、記号で答えなさい。（20点）（　　）

ア よく見れば見えるのに、なんとなく見すごしてしまうもの。
イ よく見ないと小さくて見えないもの。
ウ 見えないが、たぶんあると思われるもの。
エ 見えないけれど、たしかにあるもの。

14 だん落《らく》を調《しら》べる

標準クラス

答え▽べっさつ14ページ

1 つぎの文章《ぶんしょう》を読んで、あとの問《と》いに答えなさい。

①7月はいよいよ夏のさかりです。おおくの人が山や海へでかけます。

②むかしの人たちは、たかい山には神《かみ》さまがすんでいるとかんがえていました。山そのものを神さまとみなしたり、神《しん》ぶつがやどる場所《ばしょ》とかんがえていました。（　）、*修行《しゅぎょう》をする人のほかはむやみに山にのぼれませんでした。いっぱんの人たちが、山にのぼることをゆるされたのは、きめられた期《き》間《かん》で、夏のあいだだけでした。

③この、山にのぼるのがゆるされる日のことを「山びらき」といいます。

④いまは、この日に、山にのぼる人の安全《あんぜん》をいのる行事《ぎょうじ》がおこなわれます。ふじ山の山びらきは7月1日です。

（かこ さとし「こどもの行事 しぜんと生活 7月のまき」）

*修行＝心のまよいをなくすため、心や体をきたえること。

(1) つぎの文は、それぞれどのだん落についてせつ明したものですか。①〜④の番号《ばんごう》で答えなさい。

A 前のだん落の内ようを受《う》けて、その名前をしょうかいしている。（　）

B むかしの人にとって、夏の山にのぼることとはどのようなことだったか、せつ明している。（　）

(2) 文中の（　）に入る言葉《ことば》を、つぎからえらんで、記号《きごう》で答えなさい。（　）

ア しかし　イ ですから　ウ たとえば　エ さて

(3) ——線「この日」とありますが、何という日ですか。文章中からぬき出しなさい。

（　）の日

2 つぎの文章を読んで、あとの問いに答えなさい。

①星のなかには、太陽《たいよう》の光をはんしゃしてかがや

いている惑星《わくせい》と、太陽のように自分でもえながらかがやいている恒星《こうせい》がありますが、夜空ではどちらも同じように光っているので、ちょっと区別《くべつ》がつきません。

②でも、よくかんさつすると、チカチカいそがしそうにまたたく星と、ほとんどまたたかないでじっと落《お》ちついて光っている星があることに、気がつくでしょう。

③チカチカまたたくのが恒星で、じっとしているほうが惑星なのです。

④恒星がチカチカまたたくのは、きっと自分でもえているからだろうと、はやがてんしてはいけません。じつは、これは空気のいたずらです。

⑤うんと、遠くからきた恒星の光は、はりのさきでついたような小さな点にしか見えません。この小さな星の光が、いつも風がふいて、ゆらゆらゆれている空気の中を通ってくると、ちょうど川の中の石ころを見ているように、星の光がゆらゆらゆれて、チカチカまたたいているように見えるのです。

⑥惑星は、わたしたちに近いので、目ではよくわからなくても、恒星よりは大きく見えますから、空気がゆれても、ほとんどまたたかないで見えるのです。

（藤井《ふじい》 旭《あきら》「星の一生」）

---

(1) 惑星と恒星は、それぞれどのような星ですか。文章中の言葉を使《つか》って書きなさい。

惑星（　　　　　）

恒星（　　　　　）

(2) 惑星と恒星の見分け方について書いているだん落を、①〜⑥の番号で答えなさい。（　　）

(3) ⑤のだん落に当てはまるものを、つぎからえらんで、記号で答えなさい。（　　）

ア 前のだん落を受《う》けて、せつ明している。

イ 前のだん落と反対《はんたい》のことをのべている。

ウ 前のだん落から話題《わだい》をかえている。

エ 前のだん落を受けて、ぎ問点《もんてん》をのべている。

(4) 惑星がまたたかないで見える理由《りゆう》を、「恒星」「空気」という言葉を使ってせつ明しなさい。

（　　　　　）

14 だん落《らく》を調《しら》べる

ハイクラス

時間 30分
合かく 80点
とく点 　点

答え べっさつ14ページ

1 つぎの文章《ぶんしょう》を読んで、あとの問《と》いに答えなさい。

①生物《せいぶつ》が少しずつへん化《か》して、新しいすがた・形になっていくことを、進化《しんか》といいます。進化のしくみについてさいしょにまとまった考え方を発表《はっぴょう》したのは、イギリスの＊チャールズ・ダーウィンです。ダーウィンは、進化を農業《のうぎょう》にむすびつけて考えました。

②人間は長いあいだ作物《さくもつ》を育《そだ》て、家ちくをし育《いく》してきました。そのあいだに、少しでも人間に役立《やくだ》つすがたや形、せいしつをもつ作物や家ちくをえらんでのこしました。それを長いあいだつづけていくと、作物や家ちくのとくちょうがさらに強められていきます。

③こうした人間による作物・家ちくのかいりょうと同じことが、自《し》ぜん界《かい》でもおこっているのだ、とダーウィンは考えたのです。「①人間がえらんでのこす力」を「自ぜん界がえらんでのこす力」におきかえて、何万年、何十万年も時間をかければ、きょうりゅうのなかまから鳥も進化してくるはずだ、とせつ明しました。

④しかし、作物や家ちくの品《ひん》しゅかいりょうは実《じっ》さいに見ることができますが、自ぜん界でおこる進化のようすは長すぎて見られません。また、自ぜん界といっても、広すぎてばくぜんとしています。そのため、②ダーウィンの考えに反対《はんたい》する人もいました。

⑤（　Ａ　）、虫の進化に鳥が大きくえいきょうしている、というれいがみつかったのです。

⑥ダーウィンが進化せつを発表したころのイギリスは、工業がさかんになりはじめたころですが、まだ工場のけむりのえいきょうはでていませんでした。しかし、やく百年のあいだに、工業地たいの木のみきはすっかりけむりでよごれ、黒くなってしまいました。

⑦（　Ｂ　）、そのえいきょうで、い前たくさんいた正じょうがたのガがへり、反対に少なかった暗《あん》色《しょく》がたのガがふえてきました。この事実《じじつ》を「工業《こうぎょう》暗化《あんか》」とよんでいます。「工業暗化」は、鳥が木

のみきにとまっている、よくめだつガを多く食べたけっか、ひきおこされたのです。これは、③ひかくてき短《みじか》い期間《きかん》にひきおこされた進化のれいとして有名《ゆうめい》になりました。

（栗林《くりばやし》　慧《さとし》「昆虫《こんちゅう》のふしぎ　色と形のひみつ」）

＊チャールズ・ダーウィン＝自ぜん科学者《かがくしゃ》。一八五九年、「種《しゅ》の起源《きげん》」という本で、進化のしくみについてのきほんてきな考え方を発表した。

(1) つぎの文は、どのだん落についてせつ明したものですか。①〜⑦の番号《ばんごう》で答えなさい。（10点）

・前のだん落の内ようを受《う》けて、ダーウィンの考えたことについて、具体《ぐたい》てきにせつ明している。

（　　）

(2) （A）・（B）に入る言葉《ことば》をつぎからえらんで、記号《きごう》で答えなさい。（10点／一つ5点）

A（　　）　B（　　）

ア だから　イ すると

ウ ところが　エ ところで

(3) ダーウィンは、どのようなことについて考えて発表しましたか。文章中から六字で書きぬきなさい。（20点）

□□□□□□ について

(4) ――線①「人間がえらんでのこす力」とありますが、これは何について述《の》べたものですか。文章中から十五字で書きぬきなさい。（20点）

□□□□□□□□□□□□□□□

(5) ――線②「ダーウィンの考えに反対する人もいました」とありますが、どうしてですか。そのわけを二つ書きなさい。（20点／一つ10点）

（　　）

（　　）

(6) ――線③「ひかくてき短い期間にひきおこされた進化のれい」としてあげられているものは、何とよばれていますか。文章中から四字で書きぬきなさい。（20点）

□□□□

15 キーワードを見つける

標準クラス

答え▽べっさつ14ページ

1 つぎの文章《ぶんしょう》を読んで、あとの問《と》いに答えなさい。

ぎらぎらかがやく太陽《たいよう》はものすごくあつそうです。（　Ａ　）人間がちょくせつ太陽のなかにおんどけいをつっこんで、おん度《ど》をはかるわけにはいきません。（　Ｂ　）、地球《ちきゅう》にとどくねつや光をしらべると、だいたいのおん度をしることができます。それによると、太陽のあつさは、表面《ひょうめん》で六千度、中心のあたりではなんと千五百万度にもなっているといいます。

鉄《てつ》をどろどろにとかしてしまうようこうろ*でさえ千五百度くらいですから、六千度というおん度がどんなにあついか、そうぞうできますか。

こんなにあつい太陽のなかでは、鉄《てつ》でも金でもあっというまにとけてしまうばかりではありません。すっかりガスになってしまっているのです。つまり太陽の正体は、もえるガスのかたまりなのです。では、ガスならどうしてとびちってしまわないのでしょう。それは、地球の二十八ばいというすごくつよい引力にひっぱられているからです。どうして、そんなにつよい引力にひっぱられているのに、つぶれてしまわないのでしょう。それは千五百万度というものすごいあつさのために、中心部《ちゅうしんぶ》のガスがすごいいきおいでふくらもうとしているからです。つまり、つぶれようとする力と、ふくらもうとする力がちょうど太陽の表面のところでつりあっているので、ガスでできた太陽が、球としてぎらぎらかがやいていられるのです。

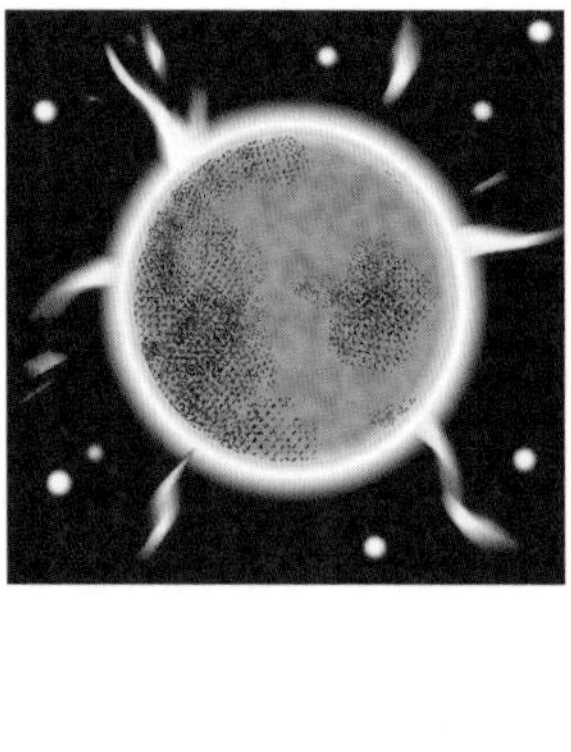

（藤井《ふじい》　旭《あきら》「太陽のふしぎ」）

*ようこうろ＝金ぞくのもととなる石を高ねつでとかして、鉄やどうなどをえるそうち。

(1) （Ａ）・（Ｂ）に入る言葉《ことば》を、つぎからえらんで、記号《きごう》で答えなさい。

Ａ（　　）　Ｂ（　　）

ア ですから　**イ** つまり

ウ でも　**エ** さて

(2) 太陽のおんど度は、どのようにしてしらべるか、書きなさい。

（　　　　）

(3) (2)の方ほうでしらべた太陽のあつさについて、次の部分についてそれぞれ書きなさい。

表面（　　）

中心のあたり（　　）

(4) (2)の方ほうでしらべた太陽のあつさについて、どのようにせつ明していますか。つぎからえらんで、記号で答えなさい。（　　）

ア 同じくらいのおんどのものをれいにあげて、どれだけあついかをせつ明している。

イ ほかの高温のものをれいにあげてくらべることで、どれだけあついかをせつ明している。

ウ 太陽のおんどをどのようにしらべてきたか、その歴史《れきし》をくわしくせつ明している。

エ 太陽のあつさについて、ほかのさまざまな天体とくらべてせつ明している。

(5) 太陽のなかでは、そのあつさのためにものはどのようになってしまうか、書きなさい。

（　　　　）

(6) 太陽の正体は何なのかを、書きなさい。

（　　　　）

(7) ――線「それ」が指《さ》しているものを書きなさい。

（　　　　）

(8) 太陽が、球としてぎらぎらかがやいていられるのはどうしてですか。つぎの（　）に入る言葉を書きなさい。

（　　）と

（　　）が

ちょうど（　　）で

つりあっているから。

ハイクラス

時間 30分
合かく 80点
とく点 点

答え▼べっさつ15ページ

1 つぎの文章《ぶんしょう》を読んで、あとの問《と》いに答えなさい。

あなたはどこから来たのでしょう。

お母さんから生まれたのですね。あなたのはじまりは受《じゅ》せいらん。それはお母さんのらんとお父さんのせい子《し》がいっしょになって生まれた、世界《せかい》でたった一この①細ぼうです。細ぼうとは体をつくる一番小さな単位《たんい》です。この細ぼうがふえて心ぞうや皮《ひ》ふをつくり体ができます。生まれるときには三ちょうこもの細ぼうになっています。

（　　）お父さんとお母さんはどこから来たのでしょう。それぞれの両親《りょうしん》、つまりあなたのおじいさん、おばあさんがいらしたので生まれてきました。

おじいさんとおばあさんはどこから来たのでしょう……

こうやってたどっていくと、二十万年ほど前にアフリカで生まれた少数の人たちにたどりつきます。

今地球《ちきゅう》にくらしている七十三おく人もの人たち、その一人一人をたどっていくと、みんなアフリカに生まれたこの同じそ先《せん》にたどりつくのです。②人間はみな仲間《なかま》……というより家族《かぞく》だといってよいのではないでしょうか。

ではアフリカに生まれたさいしょの人たちはどこから来たのでしょう。

地球上にいるたくさんの生きものの中で、人間に一番近いのはチンパンジーです。今から六百万年ほど前に、チンパンジーと人間とのきょう通のそ先がいて、そこから③この二つがわかれました。

ではその前はどうなっていたのだろうと、そ先をたどっていくと、サルとわかれたときのそ先、ネズミとわかれたときのそ先、さらには鳥、カエル、魚などとわかれたときのそ先がいたことがわかります。

もっとそ先をたどっていくと、おもしろいことに昆虫《こんちゅう》とわかれたときのそ先はもちろん、植物《しょくぶつ》とわかれたときのそ先、バクテリアとわかれたときのそ先がつぎつぎ出てきます。
そうしてさい後には、地球上にはじめて生まれた生きものにたどりつきます。それは、三十八おく年も前の大昔《おおむかし》に生まれた一この細ぼうです。

お母さんのおなかの中でのあなたのはじまりは一この細ぼうでした。そしてすべての生きもののはじまりも一この細ぼうなのです。

（中村《なかむら》 桂子《けいこ》「いのちのひろがり」）

(1) ——線①「細ぼう」とはどのようなものか、書きなさい。（10点）

（　　　　）

(2) ——線①「細ぼう」は、つぎのとき、どれくらいの数でしたか。それぞれ書きなさい。（20点／一つ10点）

ア 受せいらんとしてはじまったとき。（　　）

イ 生まれるとき。（　　）

(3) （　）に入る言葉《ことば》を、つぎからえらんで、記号《きごう》で答えなさい。（10点）（　　）

ア だから　　イ それとも

ウ ところが　　エ ところで

(4) ——線②「人間はみな仲間……というより家族だといってよいのではないでしょうか」とありますが、筆者《ひっしゃ》がこのように考えるのは、どうしてですか。その理由《りゆう》を書きなさい。（20点）

（　　　　）

(5) ——線③「この二つ」とありますが、何と何ですか。（完答で10点）

（　　）（　　）

(6) 地球上にはじめてうまれた生きものは、いつ生まれましたか。文章中からぬき出しなさい。（10点）

（　　）

(7) 〰〰線「あなたはどこから来たのでしょう」とありますが、筆者は人や生きもののはじまりは何であると考えていますか。文章中から六字で書きぬきなさい。（20点）

□□□□□□

16 よう点《てん》をまとめる

標準クラス

答え▼べっさつ15ページ

1 つぎの文章《ぶんしょう》を読んで、あとの問《と》いに答えなさい。

オカヤドカリは、子そんをのこすための場所《ばしょ》として、海べをり用していました。同じくりくにすむヤシガニやオカガニ、ベンケイガニなども、オカヤドカリのようにまんちょうの海べへやってきて、子をはなし、ひきしおの力で広い海へはこんでもらいます。

いっぽう、海にすむ多くのヤドカリにとっても、しおのみちひきで海になったり、りくになったりする海べがくらしの場所です。そこは、波《なみ》があらかったり、強い日ざしをあびてかんそうしたり、高温《こうおん》になったりと、しじゅうへん化《か》している、きびしいかんきょうです。でも、そのためヤドカリの天てきとなるタコも、大きな魚も、めったに近づかない、安全《あんぜん》な場所なのです。ヤドカリが食べる魚などの死体《したい》も、波ではこばれてきます。

ヤドカリがだいすきな貝がらをつくるイボニシも、その食べもののフジツボや二まい貝も、海べでくらしています。そのほか、いろいろなまき貝、イソギンチャク、カニなど、海べは多くの小動物《しょうどうぶつ》にとっても、このましいすみ場所となっているのです。

そこをうめて*ぼう波《は》ていや*ぼうちょうてい、港《みなと》などがつくられ、海とりくがへだてられたらいったいどうなるでしょう。小動物たちの生活は、大きな打《だ》げきをうけます。

たしかにぼう波ていや港は、わたしたちの生活にとってひつようです。しかし、少しくふうすれば、海べの小動物もり用できて、人間も安全にくらせるものが、つくれるのではないでしょうか。オカヤドカリだったら、海とりくを行き来できるよう通路《つうろ》をつくったり、のぼりやすい石組みにしたり、というように。きまった場所で子を海にはなしているなら、そこをさけて港をつくることだって、できるはずです。そんなことを、もっともっと考えていくひつようがあると思います。

（今福《いまふく》 道夫《みちお》「ヤドカリの海辺《うみべ》」）

＊ぼう波てい・＊ぼうちょうてい＝大きな波や高しおから、港を守《まも》るためにつくられたつつみ。

(1) オカヤドカリはどのようなヤドカリですか。つぎの（　）に当てはまる言葉《ことば》を書きなさい。

（　　　　）にすんでいて、海べを（　　　　）としてり用していた。

(2) 海にすむ多くのヤドカリにとって、きびしいかんきょうである、海べのへん化の様子《ようす》を、（　）に言葉を入れてまとめなさい。

海べは波が（　　　　）したり（　　　　）、強いひざしをあびて（　　　　）になったりする。

(3) 海にすむヤドカリにとって、海べがこのましい場所なのはどうしてですか。その理由《りゆう》を三つ書きなさい。

（　　　　）

（　　　　）

（　　　　）

(4) 海べをうめて、ぼう波ていやぼうちょうてい、港などをつくったらどうなるか、書きなさい。

（　　　　）

(5) ――線「少しくふうすれば」とありますが、筆者《ひっしゃ》が「くふう」のれいとしてあげていることを、三つ書きなさい。

（　　　　）

（　　　　）

（　　　　）

(6) この文章で筆者がもっとも述《の》べたかったことはどのようなことですか。つぎからえらんで、記号《きごう》で答えなさい。（　　）

ア ヤドカリにはさまざまなしゅるいがあり、すんでいる場所もことなる。

イ 海べは、ヤドカリにとってすみにくい面《めん》とすみやすい面という二つの面がある。

ウ ぼう波ていや港は、人間の生活にとってひつようなものである。

エ 海べを、人間とそこにすむ小動物の両方《りょうほう》がり用できる方ほうを考えることが大切だ。

時間 30分
合かく 80点
とく点 点

答え べっさつ15ページ

1 つぎの文章《ぶんしょう》を読んで、あとの問《と》いに答えなさい。

わたしたちは、細かいことができる手を持《も》っていますが、①手だけではできないことをするときは、どうするのでしょう。

人間以外《いがい》で、もっともちえがあるといわれているチンパンジーはどうでしょう。

アブラヤシという親指《おやゆび》くらいの大きさの木の実《み》は、チンパンジーの大こう物《ぶつ》です。（　Ａ　）、からがかたいので、手でわって食べることができません。そこで、チンパンジーは二つの石を持ってきます。平《ひら》たいほうの石を台にして、その上に実をおきます。もう一つの石を手で持ち上げ、何回もたたいて実をわります。

（　Ｂ　）、チンパンジーは、手ではできないことを、石を使《つか》ってやります。手の代《か》わりをする道《どう》具《ぐ》を見つけて使うことができるのです。

②オオアリもチンパンジーの大こう物ですが、木のみきに作られたすのあなはせまく深《ふか》いので、手や指ではオオアリをつかまえることはできません。

そこで、チンパンジーは、木の皮《かわ》をはいで細くさき、ひもを作ります。それをすあなにさしこみます。アリたちは、すあなに入ってきた皮にかみつきます。チンパンジーは、それをゆっくり引き出して食べるのです。

このように、チンパンジーは、手の代わりをする道具を作ることができるのです。

では、③人間はチンパンジーとどこがちがうのでしょう。

大昔《おおむかし》は、人間も、土をほるのに木のぼうを使いました。手でほるよりも何倍《なんばい》も楽にほることができるからです。手の代わりをする道具を見つけたのです。

人間はまた、石をわって、するどいはものの道具を作り、ぼうの先をけずってとがらせることを考えつきました。そのぼうで、土が深くほれるようになりました。ぼうの先に、石をうすくわって取《と》りつけ、すきも作りました。かたい土がほれるようになりました。

人間は、道具を作るだけでなく、その道具を使って、新しい道具を作り出しました。また、④道具と道具を組み合わせ、さらにすぐれた道具を作るということをくり返《かえ》し、ほかの動物《どうぶつ》とはちがう、べんりな人間らしい生活を作り上げてきたのです。

（松沢《まつざわ》 哲郎《てつろう》「手と道具《どうぐ》」）

(1) （A）・（B）に入る言葉《ことば》をつぎからえらんで、記号《きごう》で答えなさい。（20点／一つ10点）

A（　　）B（　　）

ア もちろん　**イ** けれど
ウ では　**エ** また
オ このように

(2) ――線①「手だけではできないことをするときは、どうするのでしょう」とありますが、チンパンジーは手の代わりに何を使うと書かれていますか。あとから二つえらんで、記号で答えなさい。また、どうしてそれら二つを使うのですか。それぞれ文中の言葉を使って答えなさい。（40点／一つ10点）

ア 石　**イ** 木の皮　**ウ** 木のぼう
エ 土　**オ** 足　**カ** ロ

（　　）（　　）
（　　）（　　）

(3) ――線③「人間はチンパンジーとどこがちがうのでしょう」とありますが、筆者《ひっしゃ》はどこがちがうと言っているのですか。つぎの（　）に入る言葉を、文中からぬき出して答えなさい。（30点／一つ10点）

チンパンジーは、手の代わりをする道具を見つけたり、作ったりする。
人間は、道具を使って（A　　　）を作り出したり、道具と道具を（B　　　）、さらに（C　　　）を作る。

(4) ――線④「道具と道具を組み合わせ」た例《れい》として、どんな道具がありますか。文中から見つけて書きなさい。（10点）

（　　　）

チャレンジテスト⑤

答え▼べっさつ16ページ

時間 30分
合かく 80点
とく点 点

1 つぎの文章《ぶんしょう》を読んで、あとの問《と》いに答えなさい。

つゆのころ、夜になると、池や田んぼの水べに、カエルがたくさん集《あつ》まってきて、①にぎやかに鳴きだします。

「ケケケッ、コココッ」と鳴くのは、トノサマガエルです。

「グワッ、グワッ、グワッ」と鳴くのは、アマガエルです。

カエルたちは、合しょうを楽しんでいるのでしょうか。いいえ、あれは、おすがめすをよんでいるのです。

おすの鳴き声を聞いて、めすがそばまで近づいてくると、おすは、すぐめすのせなかにとび乗《の》ります。めすは、おすをおぶったまま水の中に入って行きます。たまごを生みに行くのです。

カエルのたまごは、ニワトリのたまごのように、かたいからでつつまれていません。地面《じめん》に生むと、ひからびてしまいます。（Ａ）、水べの木の上にたまごを生むモリアオガエルなどのほかは、②たいていのカエルが、水の中にたまごを生みます。

アマガエルのたまごは、水分をたっぷりふくんだ、ゼリーのようなまくでつつまれています。

たまごはまくの中で育《そだ》っていきます。二日くらいで頭やどうやおができると、すぐにまくをやぶって水の中にとび出し、うかび上がります。おたまじゃくしのたん生です。

まだ泳《およ》げないので、水草などにすいついています。（Ｂ）、円い口の中に生えている歯《は》で、水草の表面《ひょうめん》についているもなどをけずって食べます。

おたまじゃくしになって一週間めくらいから泳ぎ始《はじ》めます。おをふって泳ぎます。泳ぎ始めて三十日くらいで、まず後足が出、その後十日くらいして前足が出ます。このころには、ほおがふくらみ、頭も三角形になって、急《きゅう》にカエルらしくなります。水の中で息《いき》をするためのえらがなくなり、はいができます。水から出るときが来たのです。

田んぼで生まれたアマガエルの子が、イネの葉《は》をよじ登《のぼ》って水から上がってきます。まだ、おがついていますが、このおは、りくの上の生活が始まるとなくなります。とれて落《お》ちたのではなく、体のえいようになるのです。

カエルになると、もう水の中で息をすることはできません。空気をすってはいて息をします。たまごからかえって五十日くらいで、③りくの世界《せかい》でくらす動物《どうぶつ》になるのです。

（「カエル」）

(1) （Ａ）・（Ｂ）に入る言葉《ことば》をつぎからえらんで、記号《きごう》で答えなさい。（10点／一つ5点）

ア しかし　**イ** このように
ウ だから　**エ** そして

Ａ（　　）Ｂ（　　）

(2) ——線①「にぎやかに鳴きだします」とありますが、これはカエルが何をしているのですか。文中からぬき出しなさい。（20点）

（　　　　）

(3) ——線②とありますが、それはなぜですか。その理由《りゆう》をかんたんに書きなさい。（20点）

（　　　　）

(4) つぎの文は、たまごから——線③になるまでをまとめたものです。（　）Ａ～Ｅに入る言葉を文中からぬき出しなさい。（30点／一つ6点）

・頭やどうや（Ａ　　）ができる。

↓

・（Ｂ　　）などにすいついてくらす。

↓

・前後の足が出たあと、（Ｃ　　）がなくなり、（Ｄ　　）ができる。

↓

・（Ｅ　　）がなくなる。

(5) この文章につづくせつ明としてつぎのどれがふさわしいですか。つぎからえらんで、記号で答えなさい。（20点）

（　　）

ア カエルのおすとめすのちがいについて
イ カエルとニワトリのたまごのちがいについて
ウ カエルのくらし方や体がかわる理由について
エ はいのはたらきについて

17 生き方

標準クラス

1 つぎの文章《ぶんしょう》を読んで、あとの問《と》いに答えなさい。

《二〇一一（平成《へいせい》二三）年三月十一日の東日本大震災《ひがしにほんだいしんさい》の後、息子《むすこ》と夫《おっと》を失《うしな》った小畑幸子《おばたさちこ》さんは、愛犬《あいけん》の太刀《たち》とともに新しい家で生活していくことになりました。》

幸子さんにとって、今度《こんど》のお盆《ぼん》は、新しい家でむかえる、初《はじ》めてのお盆というだけでなく、剛《たけし》さんと士《つかさ》さんの初めてのお盆でした。

お盆には、ご先祖様《せんぞさま》や幸子さんの両親《りょうしん》といっしょに、息子の剛さんと夫の士さんが帰ってくると思うと、幸子さんは、帰りを待《ま》ちこがれていた二人が、やっと帰ってくるような気持《きも》ちになりました。

お盆のまえには、仏壇《ぶつだん》に飾《かざ》るお花や、お供《そな》えする果物《くだもの》やお菓子《かし》などの準備《じゅんび》のほか、お盆中、仏様《ほとけさま》にお線香《せんこう》をあげにきてくださる、お客《きゃく》さまたちをもてなす用意《ようい》など、することが山ほどあります。

でも、①お盆の準備は、幸子さんにとって、とてもうれしいことでした。そのうれしい気持ちは、

「＊いそいそと　盆の準備に　忙《いそが》しく　＊若《わか》き日のごと　胸《むね》がときめく」という歌になりました。

太刀のひとり言

幸子さんと太刀が、新しい家で暮《く》らすようになって、三か月が過《す》ぎました。震災から一年半がたち、幸子さんの悲《かな》しみは、やっと少しやわらいできました。

九月になると、幸子さんは、そんな気持ちを、「この頃《ごろ》は　涙《なみだ》もあまり　流《なが》さずに　＊逝《ゆ》きし夫息子《つまこ》を　やっと書く気に」という歌にしました。

このころから、幸子さんは、震災後のことを、「愛犬タチのひとり言」として、ノートに書くようになりました。それには、次《つぎ》のようなことが書かれていました。

「ボクは、今年十四歳《さい》になった雄犬《おすいぬ》のタチといい

答え▼べっさつ16ページ

ます。生まれは、となりの釜石市《かまいしし》の小さな漁師町《りょうしまち》で、平成十一年四月二十八日、四匹《ひき》兄弟に生まれ、生後約《やく》五十日で、今の大槌町新町《おおつちちょうしんちょう》の小畑家にもらわれてきました。

今、ボクがなぜ自分のことを書くのかといえば、あのおそろしい大津波《おおつなみ》のためです。ほんとうは、②お母さんが書くつもりでいたようですが、ペンを持《も》って、いざ書こうとすれば、胸がいっぱいになって、涙ばかりで、どうしても書けないというのです。あの大津波で、家では、大事《だいじ》な大好《だいす》きなお父さんと、ボクをいつでも、車でどこへでも連《つ》れていってくれた、一人息子の剛兄《にい》ちゃんが亡《な》くなってしまい、ボクとお母さんだけになってしまいました。

津波まえは、県立大槌病院裏《けんりつおおつちびょういんうら》に自宅《じたく》があり、ボクを入れて四人で幸《しあわ》せな生活でした……」

紹介《しょうかい》した文章は、ほんの一部分《いちぶぶん》ですが、それを読むと、これまで短歌《たんか》でしか自分の気持ちをあらわすことができなかった幸子さんが、太刀が語るという形ではありますが、つらくて書けなかったことをとても冷静《れいせい》になって書けるまで元気になったことがわかります。（茂市《もいち》久美子《くみこ》「今日よりは明日はきっと良《よ》くなると」）

＊いそいそと＝うれしい気持ちで動作《どうさ》がはずむ様子《ようす》。
＊若き日のごと＝若かったときのように。
＊逝きし夫息子＝この世《よ》を去《さ》った夫と息子。

(1) ——線①「お盆の準備は、〜とてもうれしいことでした」とありますが、そのわけをつぎからえらんで、記号《きごう》で答えなさい。（　）

ア 新しい家でむかえる、初めてのお盆だから。
イ 息子と夫が帰ってくるように思えたから。
ウ たくさんのお客さまがやってくるから。
エ することが山ほどあったから。

(2) ——線②「お母さん」とは、だれのことか、書きなさい。（　）

(3) 〰〰線「愛犬タチのひとり言」を書いたときの幸子さんの気持ちを、つぎからえらんで、記号で答えなさい。（　）

ア 短歌よりも文章のほうが書きやすい。
イ 楽しい文章でみんなによろこんでもらいたい。
ウ 文章を書いて気分をまぎらわせたい。
エ 悲《かな》しみを乗《の》りこえて前向《まえむ》きに生きたい。

17 生き方

ハイクラス

時間	30分
合かく	80点
とく点	点

答え▼べっさつ16ページ

1 つぎの文章《ぶんしょう》を読んで、あとの問《と》いに答えなさい。

ぶらぶらすることが天才？　というとへんに思うかもしれない。

そうでなくても、げん代人《だいじん》は忙《いそが》しい。じっとしていても、外からどんどんじょうほうが入ってくる時代《じだい》だ。リアルタイムに次々《つぎつぎ》とじょうほうに反《はん》のうしていたら、ぶらぶらなんてしているひまなんて、これっぽっちもないはずだ。

（　　）ときには立ち止まって、外からのしげきとじょうほうをじっくりと自分の頭で育《はぐ》むことも大切だ。

ぼくは小学校二年生のとき、じ石《しゃく》のことがすごく気になった時期《じき》があった。まだ小学二年生の頭のうでは、じ石のメカニズムなんてわかるはずもない。でもどうしてじ石のN《エヌ》きょくとS《エス》きょくは引きつけ合って、Nきょく同《どう》しだと反発《はんぱつ》し合うんだろうって、気になって気になって、登下校《とうげこう》のさい中、わかりっこないことをもんもんと考えつづけていた。

しょうぎでも、相手にとったらめいわくな話かもしれないけど、次の一手をさっさと指《さ》さずに、ああでもない、こうでもないってとことん考えていた。答えもないのに、ただひたすら考えていたんだ。

下手《へた》の考え休むににたりっていうけれど、じつはこういった「じっくりとものごとを考える」時間にはとても大切な意味《いみ》があるんだ。

今の世《よ》の中はインターネットやコンピュータが発達《はったつ》して本当にべんりになった。わからないことがあっても、かんたんにいくらだってじょうほうを手に入れることができる。ぼくが子どもだったときとは、その*かんべんさはくらべものにならない。

ただ、かんたんにじょうほうも知しきもえられるから、安《あん》いに答えをもとめてしまっていないかい？　自分の頭で考えようとせず、すぐに先生や親に助《たす》けをもとめたり、インターネットや辞書《じしょ》で調《しら》べたり、あるいはかい答ページをめくって見てしまったり、していないかい？　そうではなく、まずは自分の頭でしつこくしつこくじっくりと考えることがひつようだ。

それに、今の世の中、これだけじょうほうがあふれ、だれにでもかんたんにアプローチできるようになっているんだから、知しきりょうはもはやかしこさのものさしにはならない。

物知《ものし》りは、それだけで頭がいいことではなくなっているんだ。

これからの時代《じだい》、求められるのは、思考する力。ものごとを考える力だ。「地頭力《じあたまりょく》」とよばれている力のことだ。はたして君《きみ》たちは答えのない問題《もんだい》にどれだけ「じっくりと自分の頭で考える」習《しゅう》かんがあるだろう？

学生のときに家庭教《かていきょう》しやじゅくのこうしのアルバイトをして勉強《べんきょう》を教えていて、生《せい》とたちを見ていて思ったことがある。すぐに答えを教えてもらおうとする生とはのびない。わからなかったら、てっていてきに自分の頭で考える。その場で答えが出せなかったとしても、しつこく、ずっと自分で考える生とが、さい終《しゅう》てきにはすごくのびた。

下手の考え休むににたり。これは決《けっ》して悪《わる》いことではない。

（茂木《もぎ》健一郎《けんいちろう》「どうすれば頭がよくなりますか？　13歳《さい》からの進路脳《しんろのう》」）

＊かんべん＝かんたんでべんりであること。

(1) （　）に入る言葉《ことば》を、つぎからえらんで、記号《きごう》で答えなさい。（20点）（　　）

ア つまり　イ さて　ウ しかし

(2) ——線「『地頭力』とよばれている力」に当てはまるものをつぎからえらんで、記号で答えなさい。（20点）（　　）

ア インターネットを自由《じゆう》に使《つか》いこなす力。

イ わからないことを人に教えてもらう力。

ウ 時間をかけて、自分で考えて答えを出す力。

エ 答えが出なかったら、あきらめてしまう力。

(3) のびない生とは、どのような生とか、書きなさい。（20点）

（　　）

(4) 筆者《ひっしゃ》は、「下手の考え休むににたり」ということわざをどのように使っていますか。（　）に当てはまる言葉を書きなさい。（40点／一つ20点）

本来のことわざの意味と（　　）、（　　）は大切だという意味で使っている。

18 生活の中で

標準クラス

1 つぎの文章《ぶんしょう》を読んで、あとの問《と》いに答えなさい。

ある夏の夕ぐれだった。わたしは深川《ふかがわ》の門前仲《もんぜんなか》町《ちょう》のお不動《ふどう》さんのさん道《どう》を歩いていた。下町生まれの父ににたお年よりに会えるのがうれしくって、ときどきぶらりとここにでかけてくる。

とつぜんどこからか子どものなきじゃくる声が聞こえてきた。夕ぐれ時に子どものなき声はつきものだ。まるで一日の＊季語《きご》みたいだと思う。その声はだんだん近くなり大きくなってくる。どうやら横《よこ》の小道から聞こえてくるらしい。のぞくと、わかいおかあさんがないている子をだき上げ、自《じ》転車《てんしゃ》の荷台《にだい》にぽんとすわらせているところだった。そうしながら大きな声でいった。

「なくの、やめなさい。あんた、江戸《えど》っ子だろ、江戸っ子！」わたしは思わず立ち止まり、くすっとわらってしまった。そのなみだべーべーのなき虫ぼうずも、やがて大人《おとな》になる。そしてどんな江戸っ子になるのだろう……。おとなりの富岡八幡《とみおかはちまん》様《さま》のおみこしをかつぐのかな。それとも豆《まめ》しぼりのねじりはちまきなんかいきにまいちゃって、店《みせ》屋《や》のだんなになるのかな。今、歩いている町のふうけいと重《かさ》ねて、わたしはこの子の何年かあとの江戸っ子ぶりをあれこれ想像《そうぞう》した。そのときわたしはもうこの世《よ》にいないかもしれない。でもこのおかあさんの言葉《ことば》のやさしい表現《ひょうげん》から、①この子のこれからの時間と、わたしとがつながっているような気がして、とてもうれしかった。

それにしても、②このおかあさんの言葉はすばらしい。あの子のなかにあるたからがむげんだいに広がっていくような言い方だったと思う。この言葉を聞いた人はきっといろいろ想像するだろう。もし「やめなさい、泣き虫！　しょうがない子！」なんて決《き》めつけるような言葉をいっていたら、そこで物語《ものがたり》はもうおわりだ。当人はもとより、③小耳にはさんだ人の楽しみまでうばってしまう。

答え べっさつ16ページ

答えを一つにしない、一人一人が心にふうけいをえがける言葉、そういう④ほうようりょくのある言葉と出会えたように思った。

（角野《かどの》 栄子《えいこ》「ファンタジーが生まれるとき―『魔女《まじょ》の宅急便《たっきゅうびん》』とわたし―」はぶいたり、短《みじか》くまとめたところがあります。）

＊季語＝きせつを表《あらわ》す言葉。

(1) 筆者《ひっしゃ》は何について書いているのでしょう。つぎからえらんで、記号《きごう》で答えなさい。（　　）

ア 言葉　**イ** 子どものなき声

ウ 下町　**エ** 江戸っ子

(2) ――線①「この子のこれからの時間と、わたしとがつながっているような気がして、とてもうれしかった」とありますが、「うれしかった」理由《りゆう》をせつ明した文としててきとうなものを、つぎからえらんで、記号で答えなさい。（　　）

ア 思いがけず親子の愛《あい》じょうを見ることができ、自分もしょうらいに希望《きぼう》が持《も》てたから。

イ 父が生まれた下町で見かけた子どもなので、なんだかなつかしかったから。

ウ この子どもが大人になるころの下町のふうけいを心にえがくことができたから。

エ 自分と全《まった》くかんけいのない子どものしょうらいを、楽しく想像することができたから。

(3) ――線②で、筆者は、このわかいおかあさんの言葉を、なぜすばらしいといっているのですか。[A]・[B]に入る言葉を文中からぬき出しなさい。

[A]言葉を使《つか》わず、子どもにある[B]が広がっていくような言い方だったから。

A（　　）B（　　）

(4) ――線③「小耳にはさんだ」の意味《いみ》として正しいものをつぎからえらんで、記号で答えなさい。（　　）

ア 聞き流《なが》した　**イ** しっかり聞いた

ウ 耳もとでささやかれた

エ なにげなく聞いた

(5) ――線④「ほうようりょくのある言葉」とはどんな言葉ですか。文中の言葉をぬき出しなさい。

（　　）

18 生活の中で

ハイクラス

時間 30分
合かく 80点
とく点　　点

答え▶べっさつ17ページ

1 つぎの文章《ぶんしょう》を読んで、あとの問《と》いに答えなさい。

ある時、母に聞いてみたことがある。

「どうしてお客《きゃく》さまの時に自分の部屋《へや》も片《かた》づけなきゃいけないの？　お客さまはわたしの部屋なんか見ないでしょう。それにましてや机《つくえ》の中なんて。お客さまの日を、ついでにわたしの片づけ日にすればいいっていう考えなの？」

（　A　）母はほほえんで、そういうこともあるわね、と言った。

「でもそれだけじゃないのよ。①人をまねく時、気《き》持《も》ちよくおもてなししようと思ったら、かくしたい場所《ばしょ》があってはだめなの。居間《いま》やお客さまの目にふれるところだけきれいにしても、実《じつ》はあそこはきたないのだという気持ちや、そこは見られたくないという気持ちがどこかにあると、きっと相《あい》手《て》にも伝《つた》わるものなのよ。自分もどこか②後ろめたい気持ちになって、のびのびふるまえないと思うの。もちろん常日《つね》ごろからすべてをきれいにできていればいいけれど、なかなかそうもいかないでしょう。（　B　）せめてお客さまの時ぐらいは、かくしておきたいところのないようにして、おむかえしなくてはね。」

それでも当時のわたしには、なぜ机の中まで片づけなければならないのか、今一つふに落《お》ちなかったものだ。

（　C　）当日がやってくる。朝から母は料理《りょうり》の③仕込《しこ》みにキッチンでいそがしそうだ。わたしは決《き》まってげんかんのそうじを言いつけられた。

いつもよりねん入りにほうきではいたら、水を流《なが》してすみずみまできよめる。そしてかたくしぼったぞうきんで水気をふき取《と》る。客のおとずれるお昼時までに、げんかんの水が（　D　）かわいていなければならないのだ。それからげんかんと洗《せん》面所《めんじょ》に花をかざる。居間に生《い》けるために買ってきてある花の中から、青銅《せいどう》の一輪《いちりん》ざしに一、二本とってかざり、洗面所にはガラスの小さなフラスコに、自分のおこづかいで買ったスミレやひなげしなどの好《す》きな花をかざった。

もうあと少しでお客さまの来る時間だ。せっけんをかえてね、とキッチンから母の声がとぶ。（Ｅ）いらしたお客さまに、家の者《もの》の使《つか》いかけのちびたせっけんでは失礼《しつれい》だから、といつもかならず真《ま》新しいせっけんを出した。トイレットペーパーも、半分以上《いじょう》へっていたら新しいものと取《と》りかえる。もちろんタオルはのりのピンときいた客用のものを出す。（Ｆ）たて三つおりにしてはしをそろえてかけておく。

（光野《みつの》 桃《もも》「着飾《きかざ》るだけがおしゃれじゃない」）

(1) （Ａ）〜（Ｃ）に入る言葉《ことば》をつぎからえらんで、記号《きごう》で答えなさい。（15点／一つ5点）

Ａ（　）　Ｂ（　）　Ｃ（　）

ア しかし　**イ** だから　**ウ** そして
エ すると　**オ** たとえば　**カ** それとも

(2) （Ｄ）〜（Ｆ）に入る言葉をつぎからえらんで、記号で答えなさい。（15点／一つ5点）

Ｄ（　）　Ｅ（　）　Ｆ（　）

ア きちんと　**イ** すらりと　**ウ** せっかく
エ すっかり　**オ** ゆっくり　**カ** しばらく

(3) ――線②・③は、この文中ではどういう意味《いみ》で使われていますか。つぎからえらんで、記号で答えなさい。（40点／一つ20点）

② 「後ろめたい気持ち」→（　）
ア えんりょする気持ち
イ 気味悪《きみわる》い気持ち
ウ 気がとがめる気持ち

③ 「仕込み」→（　）
ア 教え込むこと　**イ** じゅんびすること
ウ 商品《しょうひん》を仕入れること

(4) ――線①「人をまねく時、気持ちよくおもてなししようと思ったら、かくしたい場所があってはだめなの」とありますが、母のこの言葉をせつ明したつぎの文の（　）に入る言葉を、文中からぬき出しなさい。（30点／一つ10点）

お客さまの（　）ところだけではなく、見えないところもきれいにしておかないと、そこは（　）という気持ちがきっと相手に伝わり、どこか後ろめたい気持ちになってしまう。だから、晴れ晴れとした気持ちでおむかえするためには、（　）がないように、外に出ていない見えない部分《ぶぶん》もきちんとすることが大切だ。

19 生物《せいぶつ》のふしぎ

標準クラス

1 つぎの文章《ぶんしょう》を読んで、あとの問《と》いに答えなさい。

ツキノワグマの道には、ほかの動物《どうぶつ》たちもあらわれていました。イノシシの親や子どもたち、それにタヌキやのらネコまでもが、ツキノワグマの歩いたあとをり用していたのです。

そんなすがたをみて、ツキノワグマはおこらないのかな、と思いましたが、どうやら①その心配《しんぱい》はむ用だったようです。ツキノワグマも、イノシシやタヌキも、平気《へいき》な顔をしておなじ道をいったりきたりしているところをみると、この道は、だれがつかってもいいようになっていたのでした。

考えてみると、ツキノワグマの足のうらは、動物のなかでは、とくに大きいことに気づきます。このような足のうらで、クマが森を足しげく歩けば、道は自然《しぜん》にできていきます。そして、その道は、時間とともにふみかためられていきますから、やがては人が歩けるくらいに、しっかりしたものになっていきます。小さなざっ草などは、大きな足でふまれてのびることもできなくなり、クマがり用すればするほど、道は広く、たしかなものになるのです。

こうした道は、クマ以外《いがい》の動物たちにとっても、歩きやすいものです。大きなクマがやぶなどをかきわけ、せっかく道をつくってくれているのですから、クマより小さな動物たちは、そこをり用しない手はありません。そこなら、小えだやクモのすが顔にかかることもなく、歩くのが楽なことに気づくからです。

こうみていくと、クマより小さなサイズの動物たちは、毎日の行動《こうどう》のなかで、少しでも楽をして森のなかを歩こうとしていることがわかるでしょう。

森で活動《かつどう》する動物たちにとって、けもの道は、なくてはならないものです。それは、えさをさがしにいったり、トイレにいったり、なかまにあい

答え▼べっさつ17ページ

にいったり、すあなに帰るためにも、り用するからです。

けもの道には、自分だけの道と、みんなでつかう道があります。すあなに入ったり、トイレにいく道は自分だけの道。登山道《とざんどう》やクマがふみかためた道は、いわば大通りで、みんながつかう道になります。

けもの道で、動物たちが出会うこともあります。たとえば、キツネとノウサギが出会えば、キツネはノウサギをころそうとするはずです。その場合、おたがいのきょりがどのくらいはなれているかで、ノウサギは助《たす》かるか、ころされるかがきまります。

てきに出会わないように、弱い立場の動物は、細心の注意《ちゅうい》をはらいますが、けもの道をつかわなければ、生きていくことができません。たまたまてきと出会ってしまうのは、しかたのないことです。

（宮崎《みやざき》 学《まなぶ》「森の写真動物記《しゃしんどうぶつき》① けもの道」）

(1) ——線①「その心配」とは、どのような心配なのか書きなさい。

（　　　　）

(2) ——線②「自分だけの道」、③「みんなでつかう道」とは、それぞれどのような道か、書きなさい。

② 「自分だけの道」

（　　　　）

③ 「みんなでつかう道」

（　　　　）

(3) 「けもの道」のせつ明として正しいものを、つぎの中から一つえらんで、記号《きごう》で答えなさい。

（　　）

ア ツキノワグマがえものをとるためにつくった道である。

イ 昔《むかし》の人がつくった、動物たちもり用している道である。

ウ 森にすむさまざまな動物たちが、り用している道である。

エ 森にすむ動物たちにとって、安全《あんぜん》で大切な道である。

時間 30分
合かく 80点
とく点 点

答え▼べっさつ17ページ

1 つぎの文章《ぶんしょう》を読んで、あとの問《と》いに答えなさい。

《ウグイは、産卵《さんらん》という大仕事《おおしごと》のために、ひたすら川をのぼり、上流《じょうりゅう》のあさい瀬《せ》にたまごをうむ。》

むれの動《うご》きをじーっと見ていると、ちょっと大きめのまるまると太ったウグイが、川をのぼったりくだったり、せわしく動き回っているのがわかる。そのウグイを、すらっとした、やや小さめのウグイが、むれでぞろぞろと追《お》いかけ回している。

川をのぼるときにはひっしで追いかけ、くだるときにはばらばらとちる。そうして、また、追いかけるのだ。

①これをくり返《かえ》していると、太ったほうのウグイが尾《お》びれを水面《すいめん》に出して、川ぞこにさか立ちするようにしずみこむ。（　Ａ　）、まわりのウグイたちが体をよりそわせ、かたまりになって、ばしゃばしゃとしぶきをあげる。

これがウグイの産卵である。こうした一だんが、あちらでもこちらでもしぶきをあげるから、産卵場はとてもさわがしく、にぎやかなのである。

水中の様子《ようす》をそうっとのぞいてみた。

太めのウグイは（　Ｂ　）である。ぞろぞろ追いかけ回していたのは、（　Ｃ　）たちだ。メスが川ぞこにさか立ちするように見えたのは、川ぞこの小石のあいだに、頭からつっこんですりぬけていたからだ。この時、オスたちも体をよりそっているので、はげしく小石がとびちる。

そうするうちに、小さなつぶつぶが水中にまいあがり、ふわっと水がにごった。

小さなつぶつぶはたまごだ。メスがたまごをうみ落《お》とし、オスが精子《せいし》をかけていたのである。わずか一、二秒《びょう》くらいの時間だった。これを何回もくり返す。

ウグイが産卵していた川ぞこの石を拾《ひろ》ってみたら、直けいが二ミリメートルぐらいの小さなたまごが、石にしっかりとついていた。五、六つぶがかたまったものもある。どれも石のうらがわに、しっかりとくっついていた。

いぜん、ウグイのペアをつかまえて、小石を入れたバケツの中で、採卵《さいらん》したことがある。メスの体から出たたまごは、小石にふれるとペタリとくっついた。いっしゅんのことだった。

（ D ）、くっついたたまごをはがし取《と》ったら、もう小石にくっつくことはなかった。ウグイのたまごが小石にくっつくことができるのは、たった一回きりなのである。

川ぞこの石の表面《ひょうめん》は、コケがついている。その上にたまごをうみ落としたなら、たぶん、コケにくっつくかもしれないが、コケがはがれたらいっしょに流《なが》されてしまうだろう。そんなことを考えていたら、ウグイが産卵するときに、②川ぞこの小石をけちらしていた意味《いみ》が、なんとなくわかるような気がした。

つまり、川ぞこの小石をどけたり、ひっくりかえしたりして、きれいな表面を出し、ここにたまごをしっかりとくっつけるためではないだろうかと思ったのである。

（稗田《ひえだ》 一俊《かずとし》「川底《かわぞこ》の石のひみつ」）

(1) （ A ）・（ D ）に入る言葉《ことば》をつぎからえらんで、記号《きごう》で答えなさい。（20点／一つ10点）

A（　　）　D（　　）

ア すると　イ ところで

ウ しかし　エ つまり

---

(2) ——線①が指《さ》しているものをつぎから一つえらんで、記号で答えなさい。（10点）

（　　）

ア ウグイのたまごの動き

イ 川ぞこの小石の動き

ウ 追いかけ回すウグイの動き

エ 川をのぼるウグイの動き

(3) （ B ）・（ C ）に入る言葉を、どちらもカタカナ二字で答えなさい。（20点／一つ10点）

B □□　C □□

(4) つぎの文は川ぞこの様子《ようす》をまとめたものです。（　）の中に本文中の言葉を入れなさい。（40点／一つ10点）

ウグイの産卵場は、川の（　　）のあさい瀬である。そこにウグイがいるととてもさわがしい。水中では、はげしく（　　）がとびちり、小さな（　　）が水中にまいあがる。

これはウグイの産卵の様子で、川ぞこの石には小さな（　　）がしっかりとついている。

(5) ——線②とありますが、その答えとなる部分《ぶぶん》を本文中からぬき出しなさい。（10点）

（　　）

20 民《みん》話《わ》

標準クラス

答え▼べっさつ18ページ

1 つぎの文章《ぶんしょう》を読んで、あとの問《と》いに答えなさい。

《むかし、神《かみ》さまが「一年間ずつ人間の世界をまもる、十二ひきの動物《どうぶつ》をえらぶから、一月十二日にあつまれ」というおふれを出した。あつまる日をわすれたネコは、ネズミにたずねた。》

「ネズミさん、ネズミさん、あのおふれにあった、われわれがあつまるという、あの日は、あれは、いつだったかね。」

こう、ききました。すると、ネズミは、そのころけっして、ネコとなかがわるかったわけではないのですが、じぶんこそ、はやく、神さまのところへいって、じゅん番の一番になろうとおもっているものですから、

「あれは、一月十三日です。」

と、一日おそい日をおしえてやりました。そして、(まず、これで、ネコにだけは勝《か》つことになったが、しかし、まだ、ゆだんはならない。)

と、かんがえかんがえ、じぶんのうちへかえっていきました。ネズミの家というのは、牛小屋《うしごや》の天井《てんじょう》うらにあったそうですが、かえってみると、牛が、もう、出発《しゅっぱつ》の用意《ようい》をしております。

「牛さん、牛さん、もう、おでかけなんですか。」

と、きいてみますと、牛のいいますことは、

「いや、おれは、足がのろいのでなあ、今夜のうちに、たたんと、まにあわないのじゃ。」

これをきくと、ネズミは、また、ずるいことをおもいつきました。小さなからだですから、そっと、牛の荷物《にもつ》のなかにしのびこんだのです。牛は、そんなこととはすこしもしらず、夜どおしあるきつづけて、やっと、神さまのごてんにやってきました。

みると、まだ、だれもきておりません。(やれ、うれしや、これで、一番になれた。)と、ほっと大息《おおいき》をついて、これから、神さまのまえへでようとしますと、そこへ、とつぜん、荷物のなかから、

ネズミがとびだしました。そして、

「第《だい》一番は、ネズミでござる。」

と、名のりをあげました。

牛が、どんなにらくたんし、どんなにはらをたてたことでしょう。

　しかし、それよりも、まだはらをたてたのは、ネコであります。ネズミにおしえられた十三日、ネコは、息せききって、神さまのところへかけつけました。みると、動物は、一ぴきもきておりません。

（しめたっ、このおれさまが、第一番。）

　そうおもって、門のなかへかけこもうといたしますと、

「これこれ。」

と、神さまのごてんの門番に、とがめられました。

そして、

「じゅん番をおきめになる日は、きのうだった。じゅん番は、ネズミが一番、それから、牛、トラ、ウサギ、りゅう、ヘビ、馬、ヒツジ、サル、ニワトリ、犬、イノシシのじゅんにきまった。ねぼけていないで、よく顔をあらいなさい。」

と、いわれました。それで、はじめて、ネコは、ネズミにだまされたとしったのです。


（坪田《つぼた》 譲治《じょうじ》「ネコとネズミ」）

(1) 神さまのおふれにあった、あつまる日は本当はいつだったのか、書きなさい。

（　　　　）

(2) 牛とネコが神さまのごてんに一番にとう着《ちゃく》できなかった理由《りゆう》は何ですか。それぞれ書きなさい。

牛（　　　　）

ネコ（　　　　）

(3) このお話は、どのようなことのはじまりについてのお話か、書きなさい。

（　　　　）

20 民話《みんわ》

ハイクラス

時間 30分
合かく 80点
とく点 　点

答え▽べっさつ18ページ

1 つぎの文章《ぶんしょう》を読んで、あとの問《と》いに答えなさい。

《つるを助《たす》けたよひょう。そのつるが「つう」となってよひょうとくらしはじめた。しかし、よひょうの頭の中は、はなやかな都《みやこ》へのあこがれでいっぱいになっていた。》

「あのぬのをおってくれ。」と、とうとうよひょうが言いだしました。

「えっ？」と、つうはおどろきました。

おどろくはずです。もうあのぬのはおらないと、かたくやくそくしたのですから。

「どうしてもぬのをくれ！　おらないとしょうちしないぞ！」

①つうのねがいはお金でも都でもなく、ただ、よひょうと、二人で楽しくはたらきながら、いつまでもいつまでもいっしょにくらしていきたい、ということだけだったのです。

②つうは悲《かな》しくて、気が遠くなっていくようなここちがしました。

つうは思わず雪の中に走り出てしまいました。

きっとだれか悪《わる》い人が、あたしのよひょうを都へつれていくのだ。――そう思ってつうは、くるったように、あっちこっちへ向《む》かってさけびました。

「おねがいです！　どうぞあたしのよひょうを引っぱっていかないで！　おねがいです！　おねがいです！」

けれども、答えはなく、雪がますますはげしくふってくるばかり。

つうは、とうとう雪の中にたおれてしまいました。

とうとうつうは、もう一まいだけぬのをおってあげようと決心《けっしん》しました。

今ぬのをおらなければ、よひょうはおこってどこかへ行ってしまうだろう。――

そう、つうは思ったのです。

そんなに都に行きたいのなら、もう一まいだけおってあげて、そのぬのを持《も》って都へ行かしてあげよう。――

そう、つうは、心を決《き》めたのです。

「ただ、おってるところをのぞいてはだめよ。のぞいたら何もかもおしまいよ。」

何度《なんど》も何度もそう言ってねんをおしながら、つうははたおり部屋《べや》に入っていきました。

とん　とん　から　から――

やがてはたの音がひびき始《はじ》めます。

あっ！

よひょうがのぞいている！

のぞいてはいけないと、あんなにかたく言われたのに、はたおり部屋をのぞいている！

よひょうはずいぶんがまんしていたのです。けれども、*そうどや*うんずが、あのぬののことを、めずらしい、たっといぬのだとあんまりさわぐものだから、またつうが、のぞいてはいけないとあんまり何度も言ったものだから、がまんしきれずにとうとうのぞいてしまったのです。

のぞいて、よひょうはびっくりしてしまいました。息《いき》の根《ね》が止まるほどびっくりしてしまいました。よひょうは何を見たのでしょう？


（木下《きのした》 順二《じゅんじ》「夕鶴《ゆうづる》」）

---

*そうど・うんず＝悪知恵《わるぢえ》のはたらく、登場人物《とうじょうじんぶつ》。

(1) ――線①「つうのねがい」はどんなねがいだったのですか。文中からその部分を見つけて、最初《さいしょ》と最後の五字をぬき出しなさい。（20点）

□□□□□ ～ □□□□□

(2) ――線②「つうは悲しくて、〜ここちがしました」とありますが、そのわけをつぎからえらんで、記号《きごう》で答えなさい。（30点）（　　）

ア つうの気持《きも》ちがよひょうに通じないから。
イ また、ぬのをおることになったから。
ウ よひょうがおこって、どこかへ行ってしまったから。
エ 悪い人が、よひょうを都につれて行くから。

(3) よひょうはどこをのぞいたのですか。（20点）

（　　）

(4) よひょうは、なぜのぞいたのですか。つぎからえらんで、記号で答えなさい。（30点）（　　）

ア つうが、なまけてはいないかと思ったから。
イ よひょうは、がまんしきれなかったから。
ウ どのくらいできたか、知りたかったから。
エ そうどやうんずに、たのまれたから。

チャレンジテスト⑥

時間	合かく	とく点
30分	80点	点

答え▼べっさつ18ページ

1 つぎの文章《ぶんしょう》を読んで、あとの問《と》いに答えなさい。

《十九才のころ、見知らぬ北の国、アラスカにあこがれて、エスキモーの人たちに手紙を書いた。半年ののちに、エスキモーの人の村から手紙をもらい、シシュマレフ村へむかった。》

そして、手紙をくれたウェイオワナ一家との生活がはじまりました。エスキモーの人たちは、ぼくたちと同じ顔をしています。エスキモーは、遠いむかし、アジアからわたってきました。そせんは日本人のそせんと同じなのです。けれども、生活の方法《ほうほう》のちがいにはおどろきました。自然《しぜん》の中でくらしているので、食べ物《もの》のほとんどは自分たちでとっているのです。アザラシ、セイウチ、カリブー(トナカイ)、……何もいないと思っていた村のまわりの自然には、たくさんの動物《どうぶつ》たちが生きていました。

なかでもたいせつなのはアザラシです。肉を食べるのはもちろんのこと、しぼうは自然にとかして、シールオイルというだいじな調味《ちょうみ》りょうにします。シールオイルは、日本人にとってのしょうゆのようなものです。寒《さむ》い国で生活しているエスキモーは、これらの動物を食べてたくさんのねつをえることにより、あたたかくすごすことができるのです。

ある日、ウェイオワナ家の家族《かぞく》とともに、カリブーのかりにでかけました。あみの目のように北極《ほっきょく》の大地を流《なが》れる川を、ボートでのぼっていくのです。そこには、ツンドラというまったく木のはえていない平野《へいや》が広がっていました。地面《じめん》のすぐ下は、えいきゅう凍土《とうど》という氷《こおり》なので、木がはえないのです。けれども、たくさんの植物《しょくぶつ》が小さな花をさかせていました。

一日のおわりには、川岸にテントをはってキャンプをしました。たき火をかこみ、アザラシやカリブーの肉を食べながら、エスキモーの人たちといろいろな話をしました。そんなとき、何やらとても遠い世界《せかい》にいるような気がしました。

ある日、カリブーを見つけるために、川の近くの丘《おか》にのぼりました。そこからは、アラスカ北極けんの（　）大地を見わたすことができました。その中で、何かが動《うご》いているのを見つけました。はい色のかたまりが、ゆっくりと動いているのです。なかまのエスキモーが、「グリズリー（クマ）だ」とさけびました。生まれてはじめて見る野生のクマでした。遠くて、広いふうけいの中の点にしか見えないのですが、とても力強く感《かん》じました。

ぼくたちはカリブーをしとめ、シシュマレフ村に帰りました。村を去《さ》る日が近づいていました。ぼくをあたたかく世話してくれた、ウェイオワナ家の人たちにかんしゃの気持《きも》ちでいっぱいでした。

たくさんのことを知りました。それはこんな地のはてと思っていたところにも人の生活があるということです。そして、自然の中で生活するエスキモーの人たちにとって、動物は見て楽しむものでなく、生きていくためにころさなければならないということでした。

アラスカは、とてつもなく大きな自然でした。もっともっとたくさんのことを知りたく、いつかかならずもどってこようと思いました。アラスカは、ぼくの心の中に、どっかりとこしをおろしてしまったのです。（星野《ほしの》 道夫《みちお》「アラスカたんけん記」〈福音館書店《ふくいんかんしょてん》〉）

---

(1) （　）に入る言葉《ことば》をつぎからえらんで、記号《きごう》で答えなさい。（30点）（　）

ア はてしない　イ さびしい

ウ なつかしい　エ ふしぎな

(2) ——線「たくさんのことを知りました」とありますが、どんなことを知りましたか。文中の言葉を使《つか》って、二つ答えなさい。（40点／一つ20点）

（　）こと。

（　）こと。

(3) 筆者《ひっしゃ》が手紙に書いた思いとして、もっともふさわしいものをつぎからえらんで、記号で答えなさい。（30点）（　）

ア アザラシやカリブーのかりにつれて行ってほしい。

イ 広いツンドラの平野に立ってオーロラを見たい。

ウ エスキモーの人たちがどんな生活をしているのか知りたい。

エ 一度《いちど》、知らないところへ一人旅《ひとりたび》をしたい。

21 手紙

標準クラス

答え べっさつ18ページ

1 つぎの手紙文を読んで、あとの問《と》いに答えなさい。

おじさん、こんにちは。

先日は、たん生日のおいわいに国語じてんをいただき、どうもありがとうございました。前からほしいと思っていたので、とてもうれしかったです。今、本を読むときや作文を書くとき、国語の予習《よしゅう》をするときなどに使《つか》っています。

うちの家族《かぞく》はみんな元気にしています。父は仕《し》事《ごと》がいそがしいのですが、日曜日にはいっしょにキャッチボールをしてくれます。

ぼくは、この間の少年野球《やきゅう》のしあいではじめてヒットを打《う》つことができました。おうえんに来ていた父や母もたいへんよろこんでくれました。今《こん》度《ど》はホームランを打ちたいです。

もうすぐお正月ですね。お正月には家族みんなでおじさんの家に行きたいと思っています。よろしくおねがいします。

十二月十五日

北山かずお

おじさん

(1) この手紙は、だれがだれに出したものですか。(　)に言葉《ことば》を書きなさい。

(　　)が(　　)に

(2) この手紙はいつ出したか、書きなさい。

(　　)

(3) この手紙は、つぎのどれにあたりますか。一つえらんで、記号《きごう》で答えなさい。(　　)

ア お見まいの手紙
イ お礼《れい》の手紙
ウ おいわいの手紙
エ おわびの手紙

21 手紙

ハイクラス

時間 20分
合かく 80点
とく点 点

1 つぎの手紙文を読んで、あとの問いに答えなさい。

中村さん、その後、体の具合《ぐあい》はどうですか。
先生から「中村さんがもうちょうで入院《にゅういん》した」という話を聞いて、とてもびっくりしました。でも、手じゅつのあとがよいと聞いて、安心《あんしん》しました。

［　③　］

［　④　］

山下しずえ

［⑤ア］

［⑤ウ］

(1) この手紙は、だれが書いたものですか。(20点)

（　　　）

(2) この手紙は、つぎのどれにあたりますか。一つえらんで、記号で答えなさい。(20点)（　　）

ア お見まいの手紙　**イ** お礼の手紙

ウ おわびの手紙

(3) つぎのメモは、この手紙を書く前のものです。メモを元に、手紙のぬけているところを書き入れなさい。

はじめのあいさつ	本文（つたえたいこと）		おわりのあいさつ	後づけ
①体の具合をたずねる。	②入院の話を聞いてびっくりしたが、手じゅつのあとがよいと聞き、安心した。	③学校で文化祭《ぶんかさい》の練習《れんしゅう》がはじまり、三組は放《ほう》か後に合しょうの練習をしている。	④早くよくなって学校に来てほしい。みんな待《ま》っている。	⑤ ア日付（七月十日） イ自分の名前（山下しずえ） ウ相手《あいて》の名前（中村ゆき子さま）

③（　　　）(20点)

④（　　　）(20点)

⑤ア（　　　）(10点)

⑤ウ（　　　）(10点)

22 すきなものをしょうかいする

標準クラス

1 つぎの文章《ぶんしょう》を読んで、あとの問《と》いに答えなさい。

わたしは、サッカーが大すきです。

地元のサッカークラブに入っているほか、学校の休み時間に友だちとサッカーをして遊《あそ》ぶこともあります。また、自分でやるだけではなく、テレビで女子サッカーのしあいを見ることもすきです。

サッカーのみ力《りょく》は、一人の力だけではしあいに勝《か》つことはできず、チーム全体《ぜんたい》で作せんを立てるひつようがあることだと思います。サッカークラブの練習《れんしゅう》でも自分がうまくなるためにはどうするかだけではなく、チームとして強くなるにはどうしたらよいかを考えます。

わたしの入っているサッカークラブは、だれでも入ることができます。サッカーにきょう味《み》のある人は、ぜひわたしに声をかけてください。

(1) どのようなことがすきなのですか。しょうかいしているすきなことを書きなさい。

(　　　　)がすきだ。

(2) (1)について、自分ですることのほかにどのようなことをするのもすきなのか、書きなさい。

(　　　　)

(3) (1)について、どのようなことがみ力だと考えているのかを書きなさい。

(　　　　)

(4) この文章は、どのようなことを書いて全体をまとめていますか。当てはまるものを、つぎからえらんで、記号《きごう》で答えなさい。(　　)

ア これから自分でやりたいこと。

イ ほかのすきなことについて。

ウ 読む人へのさそいかけ。

エ 友だちと話したこと。

答え▶べっさつ19ページ

22 すきなものをしょうかいする

ハイクラス

時間 20分
合かく 75点
とく点 　点

1 つぎの文章を読んで、あとの問いに答えなさい。

ぼくは動物《どうぶつ》が大すきです。

ぼくの家では、昔《むかし》から犬をかっています。小さいころから犬が身近《みぢか》にいたので、動物のことが大すきになりました。

今はラッキーという名前の小がた犬をかっています。犬はかい主《ぬし》の気持《きも》ちを理《り》かいするといいますが、ぼくは本当だと思います。（　）、ぼくが「こうしてほしい」と思うと、ラッキーはその気持ちを理かいしてくれるからです。

また、犬以外《いがい》の動物もすきで、動物園にもよく行きます。動物園では、日ごろ目にすることのないさまざまな動物に出会えるので、とても楽しいです。

ぼくは今、学校でしいく委員《いいん》として活動《かつどう》しています。まだ小さい子どものうさぎが、えさのにんじんをかじる様子《ようす》は、とてもかわいらしいです。みなさんも、ぜひ学校の中庭《なかにわ》にあるうさぎ小屋《ごや》に、うさぎを見にきてくださいね。

---

(1) どのようなものがすきなのですか。しょうかいしているすきなものを書きなさい。（25点）

（　　　　）がすきだ。

(2) (1)のものがすきになったきっかけは何か、書きなさい。（25点）

（　　　　）

(3) （　）に入る言葉《ことば》を、つぎからえらんで、記号で答えなさい。（25点）

ア だから　**イ** しかし　**ウ** なぜなら　（　　）

(4) この文章は、どのようなじゅんに書かれていますか。つぎの**ア**〜**カ**をならべなさい。（25点）

（　→　→　→　→　）

ア 学校での委員活動
イ かっている犬のこと
ウ 読む人へのよびかけ
エ 自分のすきなもの
オ すきになったきっかけ
カ 犬以外の動物のこと

23 出来事《できごと》をせつ明する

標準クラス

1 つぎの文章《ぶんしょう》を読んで、あとの問《と》いに答えなさい。

先週の日曜日、ぼくは友だちの明《あきら》くんといっしょに市みんプールに行きました。プールにはたくさんの人がいました。

明くんは泳《およ》ぐことがとく意《い》です。ぼくは平泳《ひらおよ》ぎが苦手《にがて》だったので、明くんに泳ぎ方を教えてもらいました。明くんは「はじめに、足の使《つか》い方を練《れん》習《しゅう》しよう」と言いました。まず、ひざを曲《ま》げてかかとをおしりにつけます。そしてあしを広げながら水をとらえ、最後《さいご》にひざをのばして足をとじ、足の間にはさみこんだ水をおし出す力で前に進むのです。ぼくは明くんに両手《りょうて》を持《も》ってもらい、教えてもらったとおりに足を動《うご》かしました。（　　）、体がスムーズに前に進《すす》んでいくようになりました。

「今度《こんど》は両手の動かし方の練習をしようね」と、明くんは言いました。ぼくは、早く平泳ぎで二十五メートルを泳げるようになりたいと思います。

(1) いつの出来事《できごと》についてせつ明した文章か、書きなさい。
（　　　　　　）

(2) 平泳ぎでは、どのような足の使い方をするのですか。そのことをせつ明した部分《ぶぶん》の最初《さいしょ》と最後の五字をぬき出しなさい。（、や。も一字に数えます。）

□□□□□～□□□□□

(3) （　）に入る言葉《ことば》を、つぎからえらんで、記号《きごう》で答えなさい。
ア ところで　イ すると　ウ しかし
（　　）

(4) この文章の最後には、どのようなことが書いてありますか。当てはまるものを、つぎからえらんで、記号で答えなさい。
ア 友だちに対《たい》して話したこと。
イ 人から教えてもらってわかったこと。
ウ 自分でやりたいと思っていること。
エ 練習したことに対《たい》し、ぎ問《もん》に思ったこと。
（　　）

答え▼べっさつ19ページ

時間	20分
合かく	80点
とく点	点

1 つぎの文章を読んで、あとの問いに答えなさい。

先週の土曜日、わたしたちは遠足でさくら台公園に行きました。

さくら台公園は、さくら山にあり、さくらの名《めい》所《しょ》として知られています。さくら台公園へは、さくら山の遊歩道《ゆうほどう》を通って行きます。遊歩道では、小鳥たちが鳴《な》いていました。

③

④

帰りも遊歩道を通り、わたしたちの住《す》む町全体《ぜんたい》を見わたしました。とても楽しい遠足でした。

(1) これはどのようなことについての文章ですか。(　)に言葉を入れなさい。(40点／一つ10点)

わたしたちが(　　　)、(　　　)として知られている(　　　)に(　　　)で行ったこと。

(2) つぎの、この文章を書くためのメモを元に、文章のぬけているところを書き入れなさい。(60点／一つ30点)

はじめ	①いつ、どこに行ったのかのせつ明。
中	②さくら山にあるさくら台公園へは、さくら山の遊歩道を通っていく。遊歩道では、小鳥たちが鳴いていた。
	③お昼前にさくら台公園に着《つ》く。池でボートに乗《の》り、ボートからまん開のさくらを見た。とてもきれいだった。
	④お昼に、さくらの木の下で、おべんとうを広げた。さくらを見ながら食べるおにぎりの味《あじ》はかくべつ。
終わり	⑤帰り道のこと、当日の感想《かんそう》。

③(　　　　)

④(　　　　)

チャレンジテスト⑦

1 つぎの手紙文を読んで、あとの問《と》いに答えなさい。

おばあちゃん、お元気ですか。
さて、九月にバレエ教室の発表会《はっぴょうかい》があり、みんなといっしょにおどる役《やく》で、わたしも出ることになりました。バレエのいしょうを着《き》ておどるのは、初《はじ》めてのたいけんです。
日時　九月二十日(土)　□
場所《ばしょ》　市民《しみん》ホール
おばあちゃんも見てくれたらとてもうれしいです。よかったら見にきてくださいね。

八月二十八日
坂本《さかもと》めぐみ
おばあちゃんへ

(1) この手紙は、だれがだれに出したものか、書きなさい。(完答10点)

（　　　　）が（　　　　）に

(2) この手紙は、つぎの中のどれにあたりますか。一つえらんで、記号《きごう》で答えなさい。(10点)

ア お礼《れい》の手紙
イ おさそいの手紙
ウ お見まいの手紙

（　　）

(3) この手紙では、どのようなことを伝えようとしていますか。日時と場所以外《いがい》に二つ書きなさい。(20点／一つ10点)

（　　　　　　　　）
（　　　　　　　　）

(4) 日時の□の部分《ぶぶん》にはどのようなことを書けばよいのかを書きなさい。(10点)

（　　　　　　　　）

時間	30分
合かく	80点
とく点	点

答え▼べっさつ19ページ

2 つぎの文章《ぶんしょう》を読んで、あとの問いに答えなさい。

先週の金曜日、わたしたちは社会科のじゅ業《ぎょう》で市立図書館《としょかん》の見学に行ってきました。

図書館にはとてもたくさんの本があり、びっくりしました。市立図書館にはやく五千さつの本があります。本は分野ごとに整理《せいり》され、本だなにならべてあります。また、本だなにならんでいない本もあり、図書館の人に相談《そうだん》して書庫《しょこ》から出してもらって読むことができます。

また、図書館には本のほかにも新聞やざっしなどもおいてあります。さらに、CD《シーディー》やDVD《ディーブイディー》などもあり、音楽を聞いたりえいがを見たりすることもできます。

④

⑤

(1) この文章は何について書いたものか、書きなさい。(10点)

(　　)

(2) ――線「やく五千さつの本があります」とありますが、この部分を人から聞いた言い方に書き直しなさい。(20点)

(　　)

(3) つぎのメモの一部《いちぶ》は、この文章を書く前のものです。メモを元に、文章のぬけているところを書き入れなさい。(20点／一つ10点)

中		おわり
見学してわかったこと。		したこと、思ったこと。
③新聞やざっしもおいてある。CDやDVDもあり、音楽を聞いたりえいがを見たりできる。	④ろうどくの時間もある。図書館の人が本を読んでくれる。	⑤当日、自分のかし出しカードを作り、本をかりた。これからも市立図書館をり用して、たくさんの本を読みたい。

④(　　)

⑤(　　)

そう仕《し》上《あ》げテスト

答え▼べっさつ20ページ

時間	40分
合かく	80点
とく点	点

1 つぎの文章《ぶんしょう》を読んで、あとの問《と》いに答えなさい。

《クローバ畑《ばたけ》でヒバリのヒナを見つけたタカシは、育《そだ》てたいと思うが、父さんに少しまつように言われた。》

そんなある日のこと。

クローバ畑に、①タカシのなき声がひびきました。

父さんは走りました。ヒバリのすの前で、タカシがぼうっと立っています。

「どうした、タカシ。けがしたんではないのだな。」

クローバのねもとに、からっぽのすがありました。

「そうか。もうとべるようになっていたんだなあ。」

父さんは、遠くの空を見ています。タカシは、後ろむきでなみだをふきました。

「なんだ、父さん。知ってたのに、ぼくをだましたんだ。」

「いや、ちがう。ちがう。ほんとに知らなかった。」

父さんは、日やけした顔を空へむけました。

「もうすだつころなのは知っていたけど――。ヒバリは、つかまえたり、かったりしてはだめなんだとさ。野鳥はどれもだめ。そうきめられている。父さん、知らないでいて、はじかいたよ。」*

草の中に入っていこうとして、父さんはじゅういさんに見つかったのでした。

「タカシよ。こっちに来てみろ。」

二人で、②草の海に立ちました。

「見ろ。このクローバ畑。これ見ると、鳥かごに入れとくのがかわいそうになる。」

「うん。」

「このクローバ畑、これがおまえの鳥かごだと思え。」

「いやだあ。そんなの。」

ちょっと目を細くしてみました。すると、クローバ畑はぼうっとかすみ、空と地面《じめん》がくっつきます。

「これなら、ヒバリ、何百羽もすめるな。」

つい、言ってしまいました。

すると、③心が急《きゅう》にあかるくなって、その心はぴかぴかの空へ広がっていきました。

（加藤《かとう》 多一《たいち》「ヒバリ　ヒバリ」）

＊じゅうい＝動物《どうぶつ》の病気《びょうき》やけがをなおす医者《いしゃ》。

(1) ――線①「タカシのなき声がひびきました」とありますが、タカシは何を見てなきだしたのですか。文章中から六字でぬき出しなさい。（15点）

(2) ――線②「草の海」とありますが、クローバ畑のどのような様子《ようす》を表《あらわ》していますか。当てはまるものを、つぎからえらんで、記号《きごう》で答えなさい。（10点）（　　）

ア クローバがつゆにぬれて光っている様子。
イ クローバ畑の近くに大きな池がある様子。
ウ 一面《いちめん》にクローバ畑が広がっている様子。
エ ところどころにクローバが生えている様子。

(3) ――線③「心が急に……広がっていきました」とありますが、このときのタカシの気持《きも》ちを、つぎからえらんで、記号で答えなさい。（10点）（　　）

ア これからもクローバ畑を大切にしていきたい。
イ いつか、ヒバリのヒナを育ててみたい。
ウ ヒバリのように大空を自由《じゆう》にとび回りたい。
エ クローバ畑でヒバリのせい長を見守《みまも》りたい。

2 つぎの文章を読んで、あとの問いに答えなさい。

雪のうえにのこされた、真新《まあたら》しいめすギツネの足あとは、畑《はたけ》を北へ横切《よこぎ》りぼう風林をぬけ、国道ぞいに海へでる。海岸《かいがん》を５００メートルくらい西にゆき、①きゅうに方向《ほうこう》をかえて南の湖《みずうみ》にむかっている。とちゅう、まっ白な雪の原にオシッコのあとやフンがのこっている。雪がほじくりかえされて土がちらばっているのは雪のしたからビート(さとう大根《だいこん》)をほりだして食べたあとだ。おなじ場所《ばしょ》でくりかえしジャンプした足あとは、かりのあとだ。白い雪のうえに赤い血《ち》が見える。え物《もの》はおそらくエゾヤチネズミ。
②キタキツネのかりは、そのほとんどを耳からは

いる音でする。雪のしたでエゾヤチネズミが発《はっ》するかすかな音も聞きのがさない。しかし風の強い日は、風によっておこるざつ音とノネズミの足音を聞きわけることができない。そんな日はかりをやめて、鼻《はな》をつかって風にのってただようにおいをたよりに、動物《どうぶつ》の死体《したい》などをさがす。その鼻も役《やく》にたたないときは目をつかう。農家《のうか》の庭先《にわさき》で、人間がすてたもののなかから食べられそうなものをあさる。

（竹田津《たけたづ》　実《みのる》「キタキツネのおとうさん」）

(1) ――線①「きゅうに方向をかえて南の湖にむかっている」とありますが、何がむかっているのですか。つぎの（　）に入る言葉《ことば》を書きなさい。（15点）

めすギツネの（　　　）

(2) ――線②「キタキツネのかり」で、つぎのときのかりについて、（　）に入る言葉を書きなさい。（30点／一つ5点）

① ほとんどの場合《ばあい》→使《つか》う体の部分《ぶぶん》（　　　）
※え物《もの》の発するかすかな（　　　）も聞きのがさない。

② 風の強い日→使う体の部分（　　　）
※風にのってただよう（　　　）をたよりにする。

③ ②の方ほうも使えない場合
→使う体の部分（　　　）
※農家の庭先で、（　　　）がすてたもののなかから食べられそうなものをあさる。

3 つぎの詩《し》を読んで、あとの問《と》いに答えなさい。

てつぼう　　まど・みちお

くるりんと
あしかけあがり　をした
一しゅんにだ
うちゅうが
ぼくに　ほおずりしたのは

まっさおの
その　ほっぺたで…
おお
こここそ　うちゅう！
ぼくらこそ　うちゅうじん！
ヤッホー…

(1) ――線「まっさおの／その　ほっぺた」とは、何ですか。つぎからえらんで、記号《きごう》で答えなさい。（10点）

ア 海　イ 空　ウ 地面《じめん》　エ てつぼう

（　　　）

(2) 作者《さくしゃ》は自分のことを何にたとえていますか。たとえているものを書きなさい。（10点）

（　　　）

答え

読みの手がかり

1 言葉の意味・使い方

標準クラス　2〜3ページ

1 (1)イ (2)ウ (3)ア (4)エ

2 (1)エ (2)ア (3)カ

3 (1)オ (2)ア (3)イ (4)ウ (5)エ (6)キ (7)カ (8)ク

4 (1)オ (2)エ (3)ア (4)カ (5)イ (6)ウ (7)ク (8)キ

5 (1)ア (2)ウ (3)イ

6 (1)ク (2)カ (3)オ (4)キ (5)ウ (6)イ (7)エ (8)ア

考え方

1 (1)「われ」は自分のこと。「われに返る」とは、はっと気がつく、いしきがもどるという意味《いみ》です。ほかに「われもわれも」＝自分こそはと先をあらそう、「われをわすれる」＝何かに気をとられる、などがあります。

(2)「足どり」には、①「足の運《はこ》び方」②「歩いた道すじ」の意味があり、ここでは①の意味です。「足どりも軽《かる》く、出かける」などと使《つか》います。ほかに「足がかり」＝もののはじめ、「足がため」＝しっかり用意《ようい》をしておく、「足げにする」＝人にひどいことをする、「足《あし》代《だい》」＝交通ひ、「足手まとい」＝そばにいてじゃまになること、などがあります。「足ならし」＝前もって、やってみること、などがあります。(3)「しきり」には「たびたび」、「たえず」、「ねっ心に」の意味があります。(4)「ひときわ」には「いちだんと」「とくに」の意味があります。

2 「さめる」には「温度《おんど》が下がってつめたくなる」と「目がさめて起《お》きる」「色がうすくなる」の意味があります。どんな意味で使われているか、文を読んで考えましょう。

3 (1)れいとしては「どうやら勝《か》てそうな予感《よかん》がする。」(2)れいとしては「ゴールを目がけて走る。」(3)「むろん」とも言います。れいとしては「勉強はもちろんスポーツもとくいだ。」(4)つづいていたものがとちゅうで切れる。れいとしては「れんらくがとだえる。」(5)れいとしては「ゆうがな生活。」(6)くやしくてたまらないの意味もあります。れいとしては「やっとつかまえた魚ににげられて、いまいましい思いをする。」「大造《だいぞう》じいさんとがん」（椋《むく》　鳩十《はとじゅう》）の物語《ものがたり》の中に「一羽のがんも手に入れることができなくなったので、いまいましく思っていました。」という文があります。(7)れいとしては「まさしくこれは父のものだ。」(8)「こころみる」は、どういうけっかになるか、ためしにやってみること。れいとしては「新しいやり方をこころみる。」

4 (1)だいたい、およそという意味。(2)ひどいめにあう様子《ようす》、いやになる様子の意味です。(3)なぜ、の意味があり、文末《ぶんまつ》に、疑問《ぎもん》の「か」がつきます。(4)まちがいなく、の意味です。(5)すっかり、ほんとうに、すこしも、の意味です。ここは、すこしも、の意味で、あとに「ない」などの打《う》ち消しの言葉《ことば》がきます。(6)かならず、ぜったいに、の意味ですが、あとに「ない」などの打ち消しの言葉がきます。(7)「どうか……ください」とつづきます。(8)「たとえ……でも」とつづきます。

5 アは、じっと見つめる様子。イは、ものがとどこおりなく進む様子。ウは、雨などがしずかにふる様子。

6 (1)漢字《かんじ》で「淵《ふち》」と書きます。「縁《ふち》」と書くと物のまわり、へりを意味します。(3)「人形のうでがもげる」というように使います。(6)「人のしっぱいをせせらわらう」というように使います。

ここに注意

2 同じ言葉でも意味がちがうものがあるので、文を読んで意味のちがいをつかむようにしましょう。ほかに、「はずむ」、「たつ」、「くすぶる」、「ふく」、「くむ」、「かける」などの言葉にも気をつけましょう。

3 国語辞典《こくごじてん》を引いて、言葉の意味をしらべるれんしゅうをしましょう。文を読んで意味がわかることもありますが、やはり、辞典でしらべて正しい意味をつかむことが大切です。

ひっぱると、はずして使えます。

ハイクラス

4〜5ページ

1 (1)エ (2)イ

2 (1)イ (2)イ (3)ア (4)ア (5)ウ

3 (1)イ (2)エ (3)イ

考え方

1 (1)「かかげられている」の主語《しゅご》は、「標語《ひょうご》が」。考えやもくてきを広く知られるようにするという意味。れいとしては「スローガンをかかげる」。(2)「よそよそしい」は、親しみが感《かん》じられない様子を表す言葉。

2 (1)漢字で「弁解《べんかい》」。(2)「趣《おもむき》」と書き、意味は味《あじ》わい。このほかに、様子、気分、言おうとする内よう、という意味があります。(3)体も心ものんびりと楽にすること。(4)漢字で「好《こう》敵手《てきしゅ》」。(5)「一進一退《いっしんいったい》」の意味は、①進んだりあともどりしたりすること。②よくなったり悪くなったりをくり返すこと。

3 (1)「小首をかしげる」は、ちょっと変《へん》だなと思うという意味です。

ここに注意

3 この「ハイクラス」のページでは、読みとく力をさらにのばすために、はってんした問題《もんだい》を取りあげています。言葉だけを考えないで、文を読みながら、その言葉がどんな意味で使われているかを正しくとらえるようにしましょう。

2 文の仕組み

標準クラス

6〜7ページ

1 (1)右から24153(14253)
(2)右から31425(32415)
(3)右から34251

2 (1)イ (2)エ (3)エ

3 (1)子どもが (2)わたしは

4 (1)A① B② C③
(2)A① B② C③

5 (1)イ (2)エ (3)ア (4)ウ (5)ア
(6)ウ (7)ウ (8)イ

考え方

1 (1)まず述語《じゅつご》を見つけます。述語は「道具《どうぐ》です」で、それをせつ明しているのは「消《け》し止めるための」、どんなときかは、「火が出たとき」、「大きく広がらないうちに」となり、主《しゅ》語の「消火《しょうか》きは」がどんな道具かを述《の》べている文になります。(2)述語は「なくなりました」なので、何がなくなったかを考えます。(3)文が二つになっています。「あります」の主語は「ものが」です。「これを」は前の文を受けているので、「植物《しょくぶつ》の中には…あります。」の一文が前にきます。

2 (1)主語の「魚が」は述語にかかります。(2)何をくわしくしているのかを考えます。(3)「そればかり、」の「それ」は、「だれにも〜遠ざかりたい」であることに注意《ちゅうい》しましょう。

5 (1)「小学校だ」は「何だ」を表《あらわ》します。(2)「いる」は「ある(いる)」を表します。(3)「きれいだ」は「どんなだ」を表します。(4)「引っこしていった」は「どうする」を表します。(5)「すばらしかった」は「どんなだ」を表します。(6)「さいている」、(7)「はたらいている」は「どうする」を表します。(8)「ものです」は「何だ」を表します。

ここに注意

1 主語と述語を見つけるには、まず、文の終《お》わりのほうにある述語を見つけ、そして、そこから反対《はんたい》に文の前のほうを見ていき、主語を見つけるというやり方があります。ただし、主語と述語がはぶかれた文や、主語と述語のじゅんばんが、さかさまになっている文もあるので気をつけましょう。主語の形としては、「〜は」、「〜が」のほかに、「〜も」、「〜こそ」、「〜しか」、「〜さえ」などもあります。

2 4 かかり受けは、かかる・受けるの関係《かんけい》で、せつ明する・せつ明されるという関係になります。どの言葉がどの言葉をせつ明しているか、文図に書いて整理《せいり》することも大切です。図の書き方は、主語・述語・修飾語《しゅうしょくご》・修飾される語(被修飾語《ひしゅうしょくご》)にわけるとわかりやすいでしょう。長い文のときは、意味《いみ》の切れ目をひとつづきの言葉として、図を作るとよいでしょう。

ハイクラス　8〜9ページ

1 (1)エ　(2)ウ　(3)ア　(4)ア

2 ①ウ　②ク　③ス

3 (1)Aわたしは　B足が
(2)ウ

4 A①　B④　C⑥

5 ①自分が　②空が

6 (1)鳥は　(2)チャンスが　(3)わたしは
(4)あれが　(5)だれも

考え方

1 (1)「やっと」の意味。「ようやく」どうしたのかを考えます。(2)「毎朝」どうしているのかを見つけます。(3)何をどうするのかを見つけます。(4)何をくわしくしているのかを考えます。

2 ①「たまごの」が何をくわしくしているのかを考えます。②「ようやく」どうしたのかを見つけます。③「羽が」が主語で、どうなったかを表す述語を見つけます。

3 (1)「わたしはおどろいたため」→「足がすくんだ」と、接続《せつぞく》する・接続されるの関係になっています。

4 主語は「花が」、述語は「さいた」だから、主語、述語をせつ明する言葉を整理するとよいでしょう。Aは「花が」を修飾しています。Cは「さいた」をせつ明している言葉。

5 本文50ページ「野菊《のぎく》とバイエル」という物語《ものがたり》の一部《ぶ》分《ぶん》です。①は述語のすぐ前にあります。②「ぐらぐらゆれて」、「大きなわらい声を出して」がならんだ関係になっています。よって、主語は「空が」となります。

ここに注意

3 4 文の仕組《しく》みをとらえるわかりやすいやり方は、文図にすることです。また、かかり受けは、かかる文節《ぶんせつ》が一つとはかぎらないので、注意《ちゅうい》しましょう。たとえば、「こまは、まっすぐ立って、土をけとばして、いせいよく、回り出す。」の場合、主語は「こまは」、述語は「回り出す」で、この述語にふく数のかざり言葉(修飾語)がつきます。かかる文節(連文節《れんぶんせつ》)

まっすぐ → 立って
土を → けとばして
いせい → よく

立って・けとばして・よく → 回り出す（受ける文節）

3 こそあど言葉

標準クラス　10〜11ページ

1 (れい)①野ネズミがいつも「ようす見」をおこなう(場所)
②すきまをうまくつかうこと、あたりのようすをうかがうこと、目てきの場所にむけてすばやく走ること　(順《じゅん》不同)
③野ネズミの三つの行動にあるどくとくのリズム。

2 ①おうぎばしょうという
②葉の根もと(のふくらんだ所)

3 (1)イ　(2)ウ　(3)エ(ウ)　(4)エ　(5)ア

4 (1)イ　(2)ア　(3)イ　(4)ウ　(5)ア

5 どちらから・どこへ・そのおばあさん・その家・あの場所

6 ①ウ　②ア

考え方

1 ①こそあど言葉《ことば》は、前にあることがらを指《さ》している場合が多いです。前の部《ぶ》分《ぶん》から、「その場所《ばしょ》」がどのような場所なのかを読み取《と》ります。②「これら」は、ふく数のものを指す場合に使《つか》うこそあど言葉です。③同じ文のはじめの部分から、「それ」が指しているものを読み取ります。

2 ①「こういう」は「どういう」名前かを考えます。前の部分に名前が書いてあります。
②「そこ」は「そのところ」だから、前の部分「この木は、葉の根《ね》もとの所《ところ》がふくらんでいて」の「根もと」がそれに合います。

3 (1)話し手と相手《あいて》の関係《かんけい》で、両方《りょうほう》からはなれている場合に「あれ」などを使います。(2)「あちら」には、①あっち、②あの人、③外国、の意味があります。ここは②。(3)(4)話し手と相手がそばで話をしていて、むこうの方にある(両方からはなれている)場所を指しています。(5)「この・その・あの・どの」は、名詞(体言《たいげん》)を修飾《しゅうしょく》します。

4 「どれ」は物の名前を、「どこ」は場所を、「どちら(方向《ほうこう》)」は、方角をいうかわりに使う言葉です。

5 「こそあど言葉」は数が少ないので、全部《ぜんぶ》覚《おぼ》えておきましょう。

ハイクラス

12〜13ページ

1 公園
2 エ
3 ア
4 イ
5 ウ

考え方

2 「そのことも」は、あだ名がついた二つ目の理由《りゆう》を指します。

3 「あなたの中で、いちばんすてきな顔」は「ほほえんでいる顔」です。「ほほえんでいる女性の顔はいちばん美《うつく》しい」「これは」とつづいています。だから、「これ」は「ほほえんでいる顔」が「いちばんすてきな顔」ということになります。

4 今の工業《こうぎょう》が流れ作業《さぎょう》の中で、自分を見うしなっているという意見《いけん》の文章《ぶんしょう》の一部《いちぶ》です。「たとえば」と具体的《ぐたいてき》なことをあげて、「車をつくっていくとするなら」「これは」とつづいているので、文のすぐ前の部分ことがらを指しています。この文章は井上ひさし「農業《のうぎょう》は国の宝《たから》」によります。

5 「気がついた」「しかし」とつづいています。「しかし」は前のことがらと反対《はんたい》のことがらをつづけるつなぎ言葉です。「気がついた」「しかし」「わからなかった」とあることから、「気がついた」ものが「それ」に当たります。

ここに注意

短《みじか》い文章の中での指示語《しじ》だけでなく、少し長めの文章の中での指示語も何を指しているのかを考えられるようにします。ふつうすぐ前のところに指しているもの(内よう)がありますが、前後の文章をよく読んで、とらえられるようにしましょう。

こそあど言葉を整理しておきましょう。「こ・そ・あ・ど」で始まり、指し示《しめ》すはたらきをする言葉を「こそあど言葉」(指示語)といいます。ちがいは、話し手と相手のきょり感《かん》かくでくべつできます。

「こ」→「そ」→「あ」の順《じゅん》にはなれていきます。「ど」はどちらでもないということです。文章では、

「こ」(自分が今書いた、あるいはこれから書こうとすることがらを指す)

「そ」(自分が今書いたことで、文の流れから読み手が理かいするであろうと思われるものを指す)

「あ」(読み手がよく知っていると思われるものを指す)

「ど」(はっきりしないものを指す)

次に、何を指すか、その内ようのちがいは、

ものごと＝「〜れ」(これ・それ)
場所＝「〜こ」(ここ・そこ・あそこ)
方角＝「〜ちら・〜っち」(こちら・そっち)
もの・人＝「〜いつ」(こいつ・そいつ)
以上《いじょう》が品詞《ひんし》では代名詞《だいめいし》。
指定《してい》＝「〜の」(この・その)
品詞では連体詞《れんたいし》。
状態《じょうたい》＝「〜んな・〜う」(こんな・そう)
品詞では形容動詞《けいようどうし》・副詞《ふくし》。

代名詞が指し示す内ようを問う問題の答え方としては、名詞、あるいは体言止め、「〜のこと」というように答えを書くようにします。「こそあど」の指し示すものが、単語《たんご》とはかぎらないので、文をまとめながら答えを書くように注意《ちゅうい》しましょう。

4 つなぎ言葉

標準クラス

14〜15ページ

1 (1)ア (2)エ (3)ウ (4)イ (5)カ
2 Aオ Bウ
3 (1)しかも(そのうえ・そして・さらに)
(2)しかし(ところが・けれども)
(3)だから
(4)または(あるいは・もしくは)
4 イ
5 (1)イ・ウ
(2)ア・エ

考え方

1 ア「それから」には①「そしてまた」、②「そのあと」の意味《いみ》があります。イ「さらに」は、「そのうえ」の意味です。ウ「しかし」は前のことと反対《はんたい》のことをつなぎます。エ「だから」は、前の言葉《ことば》を受《う》けて、けっかを言うときに使《つか》います。前の言葉が理由《りゆう》や原い

んを表《あらわ》しています。**オ**「つまり」は、「言いかえれば」、「けっきょく」、「短《みじか》くまとめていうと」の意味。**カ**「それとも」は、「または」、「あるいは」の意味。(1)動作《どうさ》がつづく文です。(2)お見まいに行ったのは、前の文のけっかです。(3)前の文の内ようと反対のことをつなぐ言葉を入れます。(4)つけ足すつなぎ言葉を入れます。

2 前後の文の関係《かんけい》から、正しいつなぎ言葉をえらびます。A前の部分《ぶぶん》に「海水一リットル中には、やく三十グラムのしおがとけています」、後の部分に「三パーセントのしおがとけています」とあります。前の部分の内ようを後の部分で言いかえてせつ明しているので、つなぎ言葉は「つまり」が当てはまります。B前のだん落《らく》で海水からしおを取《と》り出すことのたいへんさをのべ、後の部分で人びとが海水からしおをのうりつよくとるくふうをしてきたことを述《の》べています。前のだん落の内ようを受ける形で、後の内ようを述べているので、つなぎ言葉は「そこで」が当てはまります。

3 (1)「雨がふった」にくわえて「風までふいてきた」のです。「しかも」や「そのうえ」などを入れます。(2)前の文とあとの文が対立《たいりつ》する内ようになっています。(3)このようなじょうたいで、すごい音が出るのだと書いてあるので、理由をせつ明するつなぎ言葉が入ります。(4)「黒いボールペン」か「赤いボールペン」のどちらかをえらんでという意味になるように、「または」などを入れます。

4 つなぎ言葉をまとめてえらぶ問題《もんだい》です。どれか分かるものからえらび、つぎに分かるものをえらんでいくと、その組み合わせがつかめます。A三まいの写真《しゃしん》のトンボの名前をあげています。言葉をつづけていくので、「そして」が入ります。Bそれぞれのトンボにはちがいがありますが、どれもなかまだと、前の文と対立することを言っているので、「しかし」が入ります。すると、**イ**と**ウ**がのこって、Cには「ですから」か「なぜなら」のどちらかが入ることになります。「ですから」はそれまでの内ようをまとめた文に使われ、「なぜなら」は理由をせつ明するときに使われます。ここは「この三つをまとめて、トンボということができます。」とまとめた文になるので、「ですから」が入ります。

5 **ここに注意**

つなぎ言葉は、文章を理かいするうえで大きな手がかりとなるので、つなぎ言葉のはたらきをしっかりととらえることが大切です。

つなぎ言葉はいくつかのグループに分けることができますが、ここでは、

①話がつづくとき
②話がかわるとき
③話がまとまるとき

の三つに分けてまとめてみます。

①は、同じような内ようの話がつづくときと、対立の内ようで話がつづくときに分けられます。

・同じ内ようの話がつづくとき
「すると・そして・さらに・それから・あるいは」など。
・対立の内ようで話がつづくとき
「しかし・ところが・けれど」など。

②は、話がかわるときで、「さて・ところで」などがあります。

③は、話がまとまるときで、「つまり・すなわち・なぜなら」などがあります。

筆者《ひっしゃ》の考えは、主に③のつなぎ言葉のあとにまとめられていることが多いので、この部分に注意しましょう。

16～17ページ

ハイクラス

1 イ
2 Aウ　Bイ　Cア
3 エ
4 Aイ　Bア　Cウ
5 Aイ　Bエ

考え方

1「理想《りそう》をえがくことはわるいことではありませんが」と「が」が使われているので、ここが文の区切《くぎ》りになります。そしてあとの文は、前の文と対立する内ようになっているので、「しかし」が入ります。**ア**「さて」は話のとちゅうでべつの話にかわるときの言葉で、**ウ**の「ところで」と同じような意味です。**エ**「また」は「そのほかに」という意味です。

2 A前の文の内ようをそのまま受けてつづけていくときに使うつなぎ言葉が入ります。Bあとのことがらの理由が前に書かれているので「すると」が入ります。C前で書かれていたおからの使い方は当時あまり知られていなかったという対立する内ようがつづいているので、「しかし」が入ります。

3 地方で使われている言葉(方言《ほうげん》)はわからないものが多いと書いてあり、次の文で、共通語《きょうつう》で「話してくださる」、つまり話が通じると言っています。前の内ようと対立する内ようです。次の「東京の人間にはこういうまねはできない」とこれも対立する内ようを書いています。だから、どちらも前文とは反対のことを述べる(逆接《ぎゃくせつ》の)つなぎ言葉が入ります。**ア**の「また」はならべる言葉、**イ**の「つまり」はまとめるとき、**ウ**の「そして」はそのままつづく内ようのときに使われます。のこる**エ**の「ところが」「しかし」というつなぎ言葉を入れると、文がつながります。

4 A「おはよう」のあいさつが芸能界《げいのうかい》でも使われているという具体的《ぐたいてき》なれいを書いています。Bは、芸能界だけではなく、飲食関係《いんしょくかんけい》のしょく場でも使われていると書いてあるので、「また」が入ります。C理由となる前の文を受けて、「書くのはまちがいです」と書いているので、「そういうわけで」という意味の言葉が入ります。

ここに注意

つなぎ言葉を入れる問題は、前後の文の内ようをよく考えることです。一つ一つ言葉を当てはめてみて、意味の通る文になっているかどうかたしかめましょう。

5 慣用句・ことわざ

18〜19ページ

標準クラス

1 (1)ウ (2)キ (3)オ (4)ア (5)イ (6)ケ (7)エ (8)カ

2 (1)ウ (2)イ (3)ア (4)エ (5)カ (6)キ (7)オ (8)ク

3 (1)ウ (2)キ (3)エ (4)カ (5)ア

4 (1)オ (2)エ (3)ア (4)カ (5)キ

考え方

1 (1)「顔」を使った言葉《ことば》ではほかに「顔がきく」「顔が広い」「顔を出す」などがあります。(2)「犬猿(けんえん)の仲《なか》」と言います。(3)ごまかすこと。お茶は日本人に古くから親しまれてきましたが、そのいれ方はたいへんむずかしく、お茶の作法《さほう》は細かいところにまで決まりがあります。お茶のたて方を知らないものが、いいかげんな作法でごまかしたことからできた言葉です。(4)「手」ではほかに「手も足も出ない」「手ぐすねを引く」「手塩《しお》にかける」「手があく」「手が回る」「手にあまる」「手を打つ」「手を切る」「手をやく」「手をぬく」などがあります。(5)「ほね」ではほかに「ほねをうずめる」などがあります。(6)「口」ではほかに「口が重《おも》い」「口が軽《かる》い」「口をきく」「口をそろえる」「口をはさむ」「口をわる」など。(7)「首」では「首をかしげる」「首をつっこむ」「首をひねる」など。(8)「舌《した》」では、「舌つづみを打つ」などがあります。

2 (7)「かぶとをぬぐ」は、昔《むかし》の戦場《せんじょう》で、こうさんするときに武士《ぶし》のシンボルであるかぶとをぬいだことからきています。また、けい意を表《あらわ》すという意味もあり、相手《あいて》の行いに感心《かんしん》しうやまうときに使《つか》われることもあります。

3 **ア**「ねこをかぶる」はおとなしく見せかけること。**イ**「はらが黒い」は腹《はら》に悪《わる》だくみがあること。**ウ**「水と油《あぶら》」は仲よくできないこと。**エ**「す立つ」は子どもが一人前になって親のもとからはなれること。**オ**「かぶとをぬぐ」はこうさんすること。**カ**「血まなこになる」はむ中になること。**キ**「さじをなげる」はいくらやってもだめだとあきらめること。**ク**「鼻《はな》にかける」はじまんすること。(1)ぼくとたかし君との仲に合うものをえらびます。(2)がんばっても、どうにもならなくなったというじょうたいのものをえらびます。(3)「お姉さんの卒業式《そつぎょうしき》」から考えます。(4)なくしたおもちゃをむちゅうでさがす様子《ようす》をえらびます。(5)客《きゃく》の前でおとなしくする様子をえらびます。

4 **イ**は「子どもは風の子」、**ウ**は「どんぐりのせいくらべ」ということわざです。

ハイクラス

20〜21ページ

1 (1)犬 (2)牛 (3)馬

2 (1)二・ウ (2)七・ア (3)三・イ

(4)五・エ (5)百・オ

3 (1)ウ (2)エ (3)ア (4)キ (5)カ

4 (1)手 (2)顔 (3)歯 (4)耳

考え方

1 犬、牛、馬のほかに、「ねこ」を使った言葉もあります。「ねこの手も借《か》りたい」「ねこに小判《こばん》」「ねこのひたい」など。

2 「一日《いちじつ》の長」「うり二つ」「九死に一生」「一石二鳥」「五十歩百歩」「一か八か」「一目《いちもく》おく」「一ぱいくわされる」「口八丁《ちょう》手八丁」「紅《こう》一点」「三位《さんみ》一体」「つるの一声」など、漢数字を使った言葉は多くあります。

4 手、足、顔、目、口、耳などを使った慣用句《かんようく》は、ふだん使われることが多いので注意《ちゅうい》しましょう。

チャレンジテスト①

22〜23ページ

1 (1)ウ (2)オ (3)ア (4)カ (5)キ

2 (1)開けた (2)見ていた (3)うすくなったと (4)して

3 ウ

4 A イ B ウ

5 (1)イ (2)ウ (3)エ (4)ア

考え方

1 **ア**は自慢《じまん》すること。**イ**は人に対していばらないこと。**ウ**はお金がかかって、かんじょうが足りなくなること。**エ**は自分ではかくしているつもりだが、まだ一部分《いちぶぶん》が見えていること。**オ**はもてあますこと。**カ**はいくら力を入れても何も手ごたえがないこと。**キ**はさしせまった大切なことのためには、少しぐらいこまることがあってもしかたないこと。**ク**はうわさなどを人よりも早く聞きつけること。

2 (1)「ふたたび」どうしたのか、に当たる言葉《ことば》をえらびます。(2)目をこらすさまの意味《いみ》で、「じっと」何をしていたのか、に当たる言葉をえらびます。(3)急にの意味です。「ふいに」どうなったのか、に当たる言葉をえらびます。(4)「はっと」どうなのか、に当たる言葉をえらびます。

3 本文36ページの笹山久三《ささやまきゅうぞう》「ゆたかは鳥になりたかった」の一部です。ゆたかはアユを河原《かわら》に投《な》げ上げ、そのとき勇一郎《ゆういちろう》がきたのです。①「その」はすぐ前の文にある勇一郎を指《さ》しています。②はアユを投げ上げたあとのゆたかの手。

4 松尾桂一《まつおけいいち》「西回りの海の道」の一部です。Aは同じ文中の「見つかれば」に注目。ここは「もし…ならば」という仮定《かてい》の表現《ひょうげん》になっています。Bは前の文とあとの文が、対立の関係《かんけい》になっています。

ここに注意

3 文章《ぶんしょう》を理かいしていくうえで、「こそあど言葉」や「つなぎ言葉」は大切なポイントになります。物語《ものがたり》文での気持《きも》ちの理かいや、説明文で筆者《ひっしゃ》の言いたいことをとらえる手だてとなるので、注意しましょう。

6 あらすじを読み取る

物語①

標準クラス

24〜25ページ

1 (1)(順《じゅん》に)南の国、王子のぞう、ほう石 (2)ウ

2 (1)えんがわの板をはがしてやった。(2)のき板をはがしてしまった。(3)平気で(毎日たけのこがのびるのをながめながら)にこにこしていた。

考え方

1 (1)場所はある町の広場、時はつばめが南の国へ行くとちゅうだから、秋の終《お》わり。つばめは王子のぞうのところでひとばん、とまることにした。そのばん、つばめはその王子にたのまれ、病気《びょうき》の子どもをもつ母親のところに、王子の身につけているほう石をとどけに行く。次のばんも、こまっている人たちのために、王子は自分のほう石や金をさし出した。そうしているうちに冬になり、つばめは死んで、王子のぞうもとりこわされてしまうというあらすじです。なぜつばめが南の国へ行くのをやめたかは、つばめの王子に対する気持《きも》ちを想像《そうぞう》して考えましょう。

2 良寛《りょうかん》さんのおおらかな性格《せいかく》を表《あらわ》している場面です。たけのこがえんがわの板《いた》につかえた、次にひさしにとどいた、という順序《じゅんじょ》をおさえます。良寛さんの生き方は「良寛物語《ものがたり》」というものも作られるほどで、その性格は「毎日、たけのこがのびるのをながめながら、にこにこ

こしていました」というすがたによく表《あらわ》れています。たけのこの様子と良寛さんの行動《こうどう》を対比《たいひ》させると、あらすじがつかみやすくなります。

ハイクラス 26～27ページ

1 (1)ア○　イ×　ウ×　エ○
(2)Aイ　Bエ
(3)声がきこえた方向や言葉のなかみから、(目のまえの)オオハクチョウの声にふさわしかった。

考え方
1 (1)**イ**「ぼく」は、だれが話したのか、はじめはわからなかったのです。**ウ**「ぼく」は、さい後には「しゃべったのはオオハクチョウにまちがいない」と思っています。(2)A「ぼく」が写真《しゃしん》をとったすぐあと、オオハクチョウは体ごとこちらをむいているので、「すると」が当てはまります。B文のさい後に「……からです」とあるので、理由《りゆう》を表す「なぜなら」が当てはまります。(3)それまでに「ぼく」が聞いた声の主《ぬし》として「いちばんふさわしいのは、目のまえのオオハクチョウです」とあり、その前にそう考えた理由も書かれています。

7 場面の様子を読み取る

28～29ページ

標準クラス

1 (1)たんけん(に行く。)
(2)どんな日＝かた雪の日　どんな遊び＝(れい)馬そりですべる遊び
(3)(「ぼく」と)お兄ちゃん(と)妹
(4)ア
(5)雪けむりをあげながら、おかをかけ下り、(そして、)ふわっととび上がった。

考え方
1 (1)「すっかり日がくれたのに、これからたんけんに行くというのです」とあります。(2)「かた雪の日なんて、めったにありません」とあります。かた雪の日には馬そりがよくすべるのです。「ぼくらは青いかげをふみながら、どこまでもどこまでも、だまって馬そりをおしつづけました」「馬そりは、雪けむりをあげながらおかをかけ下り、そして、ふわっと、とび上がりました」から、遊《あそ》びの様子《ようす》を読み取《と》ります。(3)「妹がぴたっとなきやんで、ちゃっかり馬そりにとびのりました」とあり、妹もくわわっていることがわかります。(4)「ぼうっと銀《ぎん》色にけむる雪野原の中に、ぽつんと黒くうかび上がっているのが、ぼくらの家でした」とあります。(5)「ぼくらはそろりと〜〜」からあとに、書かれています。

ハイクラス 30～31ページ

1 (1)ア　(2)(中庭に)スケート場をつくること
(3)イ
(4)ウ

考え方
1 あらすじは、寒《さむ》くなったある日、スケート場をつくるということになった。はじめは先生の話に教室でもわけのわからない子もいたが、わけがわかると、主人公《しゅじんこう》チズルも心をはずませる。そして、給食《きゅうしょく》がおわって、中庭《なかにわ》にとびだすのである。(1)角田《つのだ》センセーが、スケート場をつくる場合は「お昼に中庭に出て遊ぶこと」と言ったので、スケート場と中庭で遊ぶことがどうしてむすびつくのかわからなかったということ。「とたんにワッとうれしそうにさわぐコたち」と対照的《たいしょうてき》に「けげんそうなコたち」で、「教室がかっきり二つに分かれてしまった」とあります。(2)角田センセーが「今夜もシバれるようなら、スケート場をつくります！　お昼までに、天気予報《よほう》しらべて、つくるかつくらないか決まるから」と言っています。(3)ろくに味《あじ》もわからないというのは、「チズルの大好《す》きなラーメン汁《じる》なのに」「ちらちら中庭をうかがいながら、ラーメン汁をかっこんだ」とあり、気持《きも》ちがスケート場づくりにいっていることを表しています。

読み取りのコツ
どんな場面なのかを、話し言葉からつかみ、主人公の様子を順《じゅん》におっていくことが大切です。

8 場面の変化をつかむ

32～33ページ

標準クラス

1 (1)(れい)こうたがきつねだとばれるから。

(2)(れい)きつねだとばれてしまったから。
(3)お祭りが　(4)ウ　(5)こうた

考え方

1 (1)「こうたは、お面《めん》を取《と》って、なめようとしました」とあります。ごんじいは、顔はきつねのままであることに気がつかないこうたを、人間の子どもとして手伝《てつだ》いをさせていたのです。(2)こうたは顔だけきつねのままだったことに気づいて、あわててしまい、「ええっ、ぼくの顔？　ぼく、顔だけきつねのままだったの。」「いやだあ、コーン！」とあります。(4)こうたが祭《まつ》りからにげ出したあと、ごんじいは言います。「やれやれ、いい子だったのにのう。」(5)「ああっ、こうた……。」「ごんじい、今日は楽しかったね。」とあることから考えます。

ハイクラス　34～35ページ

1 (1)Aウ　Bオ　Cイ　(2)イ

考え方

1 (1)A「ピアノは女の子のひくもので、～家の子にかぎられていました」とあります。そのうえ、「ぼくらのまわりには～ひとりもいませんでした」という内ように当てはまるもの。B「しばしあぜんとしてひこうきのゆくえをながめていましたが」「歓声《かんせい》をあげて追《お》いかけました」は、しばしあぜんとしてひこうきをながめ、反応《はんのう》がいっしゅんとまった感じだったが、すぐに動《うご》き出した、ということ。C「ぼくらもきせきをまの当たりにした直後《ちょくご》だけに」「こうふんしてしまい」とあるので、こうふんの様子《ようす》を表《あらわ》すものを入れます。(2)『へえ、男のくせにピアノひくんか』だれかが、すっとんきょうな声で言ったので、「ぼくらはわらい声をたてました」から、「ぼく」がこの男の子にきょうみをもっていることがわかります。男の子をこわがる様子は読み取れないため、アの「何を言ってくるか不安」やウの「ひこうきを取りにくるか心配」はふさわしくありません。

読み取りのコツ

場面が変《か》わっていくところに、登場人物《とうじょうじんぶつ》の気持《きも》ちや態度《たいど》の変化《へんか》が表れています。そのところを見のがさないようにしましょう。

チャレンジテスト②　36～37ページ

1 (1)ウ　(2)(夜のアユは、)石のかげでじーっとねむってるんじゃ。光をあてんかぎり、手でさわっても、ほとんど動かん。
(3)B　(4)ア

考え方

1 アユのしゅうせいをり用した、夜の川でのアユつかみのおもしろさと、その中で、ゆたかの気持《きも》ちに大きな変化《へんか》がおこる様子《ようす》をえがいた場面です。(1)「星の明かりだけしかなくなった黒い世界《せかい》で」「勇一郎《ゆういちろう》の返事《へんじ》がおくれれば、一人になったのではないかとの不安《ふあん》がよぎる」とあります。(2)ゆたかにアユつかみをせつ明する勇一郎の言葉《ことば》の中にあります。(3)アユを「がっちりとにぎった」、すると「たしかな手ごたえが手の中であばれている」という流《なが》れです。「その先」とは「尾ヒレの先」です。(4)「はじめて」「自分の力で何かをするよろこび」とあることから、ゆたかの成長《せいちょう》が感《かん》じられます。不安な気持ちからよろこびの気持ちに変化し、そのよろこびは「アユとり」にかぎったことでなく、「自分の力で何かをする」というよろこびでもあったということです。

物語②　9　行動から気持ちを読み取る

標準クラス　38～39ページ

1 (1)しょう明にてらしだされた学校のホールのぶ台　(2)イ　(3)ウ

考え方

1 (1)「まるで……だ」という言い方で、おひさまにてらされてまぶしい原《はら》っぱの様子《ようす》をたとえています。のぶちゃんが自転車《じてんしゃ》にのって行ってしまった後の、「ぼく」の気持《きも》ちが表《あらわ》れています。(2)「息《いき》をのむ」は、思いがけないことが起《お》こっておどろいたときなどに使《つか》う表《ひょう》げんです。「ぼく」は、ろう石が思いがけずとかげに当たってびっくりしています。(3)前の部分《ぶぶん》に「世界じゅうの人たちは、みんなじぶんの自転車にのって、どこかへ遊《あそ》びにいってしまったんだ」とあります。みんなは遊びに行って自分だけが置《お》いてきぼりをくったように感じている気持ちを読み取《と》ります。「一人ぼっち」と、一人であることを目立たせる表げんがされていることもヒントになります。**エ**とかげに思わず石をあててしまい、やつあたりをしたことを後かいしているでしょうが、はらをたてたり、気が立っている様子は読み取れません。

ハイクラス 40〜41ページ

1 (1)ウ　(2)イ　(3)ウ

考え方

1 (1)(2)妹のゆうこが入院《にゅういん》していて、そのかんごで病院《びょういん》にきている場面《ばめん》です。「長いすにすわった母は、ひとつ長いため息をついたあと、気を取《と》り直すようにぼくをふり向《む》いてわらった」とあります。妹の病状《びょうじょう》はおもわしくないのでしょう。「ため息」をついたが、母はひろしを気づかって、「ふり向いてわらった」、それは、自分自身＝母をはげますわらいでもあったのです。そんな母をひろしは見ています。「母はつかれきったえがおで見つめる。ぼくはもう母には目を向けない。見ると、つらくなる」のです。母のひろしを気づかう気持ちと、ひろしが母を気づかう気持ちの二つを考えましょう。(3)「お母ちゃん、ぼく学校でいじめられとんねん」「のどもとまで出かかった言葉《ことば》」を言えなかったひろしには、今の両親《りょうしん》のじょうたいがよくわかっています。「おじいちゃんとこに引っこしてもええで」とひろしが言ったとき、母は、「アホなこと言いなさんな」とわらって言っています。妹の病気で頭がいっぱいになっているものの、ひろしのことも気づかう母がいる。だから、自分自身がいじめにあっていることを言うわけにはいかなかったのです。

ここに注意

1 登場人物《とうじょうじんぶつ》の行動《こうどう》や会話のやりとりで、それぞれがおかれているじょうたいを知ることができます。気持ちはいろいろなことが考えられますが、文章《ぶんしょう》に表れているままに読み取るようにします。

作者の重松清《しげまつきよし》は中学入試《にゅうし》ではよく取り上げられている作家です。学校でのいじめや不登《ふとう》校《こう》、家庭《かてい》ほうかいと子どもなど、小説《しょうせつ》で取り上げられることの少なかった子どもを取りまく社会問題《もんだい》を、するどい切り口で取り上げてから、いちやく注目《ちゅうもく》をあびるようになりました。直木賞《なおきしょう》を受賞《じゅしょう》しています。

10 会話から気持ちを読み取る

標準クラス 42〜43ページ

1 (1)①ヒルマ　②送　③毛皮　④ヘヤ

(2)Aイ　Bオ　Cカ　(3)ウ

考え方

1 (1)漢字《かんじ》の問題はかならず出てくるので、よく練習《れんしゅう》しておきましょう。漢字の組み立てや読み方にも気をつけます。(2)Aマスクをしていることから考えます。Bむねのあたりがあつくなった様子《ようす》。Cおどけて歩いている様子。(3)男の子の言葉《ことば》から、男の子が心からサーカスを楽しみにして来てくれることがわかります。「きっとよろこぶだろうよ」は、おしはかる場合の表《ひょう》げんですが、ここではじんざがライオンであることを男の子に明かさずに、ライオンの気持《きも》ちをおしはかる言い方をしながら、自分の気持ちをつたえているのです。

ハイクラス 44〜45ページ

1 (1)(れい)買い物の帰り、だれにもあわなかったはずだから。　(2)ウ

(3)(れい)畑をかりることができたから。

別 つぼみさんがこころよく畑をかしてくれたから。

(4)・からだがらくになった。

・たのしくしあわせな気持ちになった。

考え方

1 (1)つぼみさんは、買い物《もの》から帰るとちゅうで「だれか、手つだってくれるひとがいないかしら……」とひとりごとを言いました。しかし、だれにも会っていないので、むすめが「わたし、耳がいいから、きいてしまったんです」と言って、手つだいにやって来たので、とまどっているのです。(2)つぼみさんは、去《きょ》年《ねん》の秋、男のひとが畑《はたけ》をかりたいとやって来たときのことを思い出しています。「あなた、

宇佐見《うさみ》さんの～」という言葉は、そのときのことを思い出したつぼみさんがむすめに言っている言葉です。したがって、ウまでが思い出している部分《ぶぶん》です。⑶畑をかりにきた男の人に、つぼみさんは「かえって、こちらからおねがいして、かりていただきたいほどです」と言っています。⑷すぐあとの部分に着《ちゃく》目《もく》します。「つぼみさんは、……ばかりか、……なりました」という表げんで、つぼみさんの様子《ようす》が言い表《あらわ》されています。むすめが手つだいにやって来たことで、つぼみさんはからだがらくになったばかりでなく、しあわせな気持《きも》ちにもなりました。だから、つぼみさんは「（いいむすめさんが手つだいにきてくれて、ほんとによかった）」と思っているのです。

ここに注意

1 物語《ものがたり》では、登場人物《とうじょうじんぶつ》の会話は心情《しんじょう》をつかむうえで大きなやくわりをもっています。どのような場面で言ったのかも気をつけましょう。

11 気持ちの変化をつかむ

標準クラス 46～47ページ

1 ⑴①イ ②せなかにやけどをしていたから。
⑵女の子（が）石じぞう（に言った。）
⑶口＝ぎゅっとむすんでいます。目＝ぐっとにらみつけています。⑷ア

考え方

1 ⑵「女の子は、しばらくじっとしていましたが、すぐ目の前に、石じぞうの顔を見つけると」とあります。⑶「もう、『うふふっ。』とわらった顔ではなくなりました。口は、ぎゅっとむすんでいます。目は、ぐっとにらみつけています」とあります。⑷「まるで仁王《におう》さんの顔」や「にらみつけた」という言葉《ことば》から考えます。「仁王」はお寺の門などに置《お》かれている、おこった顔をした仏教《ぶっきょう》の守り神です。

ハイクラス 48～49ページ

1 ⑴ミー子ちゃん係 ⑵エ ⑶イ

考え方

1 ⑴先生の言葉に、「じゃあ、おねがいね。ミー子ちゃん係《かかり》ってったって……」とあります。「ミー子ちゃん係」とは、「なんとなくミー子ちゃんをかまってあげ」たり、「話しかけたり」する役目《やくめ》の人のことです。⑵「ミー子ちゃん係」に、初《はじ》めはあまり乗《の》り気ではなかった初子《はつこ》ですが、お母さんの言葉を聞いてしっかりと役目をはたそうと思うようになっています。⑶それまで口をきかないミー子ちゃんは、初子の行動《こうどう》に初めてえくぼをつくって、わらいかけました。ミー子ちゃんの気持ちの変化《へんか》に注目《ちゅうもく》しましょう。

ここに注意

物語《ものがたり》で表《あらわ》される気持ちは、その物語の中心的な内ようでもあるので、登場人物《とうじょうじんぶつ》の会話、行動に線を引くなどして、読み取りましょう。

チャレンジテスト③ 50～51ページ

1 ⑴Aイ Bウ ⑵イ
⑶何が起こ～がした。

考え方

1 ⑴A場面《ばめん》を思いえがきます。「橋本《はしもと》先生がほじょをした」「しり上がりや足かけ上がりは、ミツエにもできた」とありますが、そのあと「ミツエは死《し》にたくなった」とあります。さか上がりができないミツエは、先生のどんな言葉《ことば》を聞いて「死にたくなった」のでしょうか。B「と先生は言ってくれたが」とあるから、これも先生の言葉。つづけて「やっぱりだめだった」とあります。⑵さか上がりに失《しっ》敗《ぱい》したミツエは、しかし、「する前に思っていたのと、すこしちがっていた」と感《かん》じるのです。つまり、「前にさか上がりをしたときは、鉄《てつ》ぼうが遠い感じで、うでに力が入らず、体がばらばらになってしまうような感じだった」のが、今回は「すこし鉄ぼうが自分の中心に近い感じで、体も前ほどばらばらではなかったような気がする」とおぼろげながらに思うのです。ミツエの気持《きも》ちの変化がここに見えてきます。それがさか上がりの練習をしてみようという意欲《いよく》につながったのです。⑶―線②より後の文から見つけます。「頭の中が真っ白になった」のは、つまりさか上がり

ができたのです。「感じがした」という言葉が目じるしになります。「眼帯《がんたい》をはずしたときのように、自分のまわりがはれつしたような感じがした。自分のまわりの空気にヒビが入って、空気がわれたような感じがしたのだった。」とあり、ミツエの感動は、「今までわらったことはなかったというふしぎな感じがした」までのぼりつめ、以前《いぜん》とはちがう自分を発見《はっけん》するのです。

読み取りのコツ

文中から当てはまるところを見つけるには、前後数行のところに着目《ちゃくもく》することが大切です。ただ、そのしつ問内ように注意して、「〜のこと」で答えるのか、文中の言葉のままで答えるのか、また、どこまでぬき出せばよいのか、などに気をつけましょう。

この作品のように、できなかったことができるようになったことは、本人自身《じしん》にはそれこそ大事《じ》けんなのです。学習でも同じようなことがいえます。自分自身の力で何かをのりこえたときの感動は、まわりから見ればどうでもいいことでも、本人には、大きなステップとなるのです。

12 詩 感動をつかむ

標準クラス　52〜53ページ

1 (1)二階でおとうさんのよこでねている。 (2)ア (3)イ

2 (1)ア・ウ (2)・一直線にある
・はっきりとある
・どこまでもある
(3)ウ

考え方

1 (1)第三連《れん》に「ぼくは二階《にかい》で／おとうさんのよこ。」とあります。「ぼく」はまだねているのです。(2)えびのように、体をおり曲《ま》げてねているおとうさんの様子《ようす》を表《ひょう》げんしています。(3)朝の四時ごろ、おかあさんは起《お》きていてガスを使《つか》って家事《かじ》をしていますが、「ぼく」とおとうさんは二階でまだねています。そんな家族《かぞく》の一日のはじまりをえがいた詩《し》です。

2 (1)「水平線《すいへいせん》がある」などの言葉《ことば》がくり返《かえ》されています。また、「空とはちがうぞ」という表げんや「ほんとうの強さみたいに」の部分《ぶぶん》に着目《ちゃくもく》します。(2)水平線の様子を表《あらわ》したこの三つの言葉が、それぞれの連でくり返されていることに着目しましょう。(3)「一直線にある」「はっきりとある」「どこまでもある」「ほんとうの強さみたいに」などの表げんから、水平線がどのような様子なのかを考えましょう。

ハイクラス　54〜55ページ

1 (1)エ (2)雪 (3)イ (4)木の枝 (5)先生　つばめがきました (6)ア

2 (1)エ (2)オ

考え方

1 (1)「さわなりの音」「すさまじい水音」を表す言葉を入れます。(2)「ゆるみかけた」から、冬の間あたり一面をおおっていたものが、春になりとけはじめている、そのものがわかります。(3)春のおとずれとともに、自《し》ぜんが活《かつ》動《どう》を始《はじ》める音を耳にして、作者は「どうだろう」と感動《かんどう》を言い表しています。(4)「ひたいを打《う》つ」の主語は「それらは」です。「それら」は何を指しているのかを見つけます。(5)つばめはわたり鳥で、春になるとやってきます。つばめがきたことをいちはやく伝えたいという女の子の言葉に、強いよろこびを読み取ることができます。(6)雪深《ぶか》い北国の人たちが春を待《ま》ちのぞみ、春のおとずれをよろこぶ気持《きも》ちを表した詩です。

2 (1)泣《な》く様子に使われるのは「しくしく」「めそめそ」、なみだが流れる様子に使われるのは「ぼろぼろ」「はらはら」ですが、「しよう」に続《つづ》くのは、「めそめそ」だけです。(2)「死《し》にたくないよ」と「かっこわるくなみだをこぼそう」とあります。つまり「じぶんの弱さ」とは死に対《たい》する不安《ふあん》です。

13 リズムを感じる

標準クラス　56〜57ページ

1 (1)よっ、ほい! (2)ウ (3)色＝みどりいろ(みどり)
生き物＝かえる(あまがえる)

2 (1)ウ (2)ア

考え方

1 (1)それぞれの連《れん》の最後《さいご》に「よっ、ほい！」という言葉《ことば》がくり返《かえ》し使《つか》われています。(2)「よっ、ほい！」という言葉のくり返しによって、調子《ちょうし》のよいリズムで楽しい感《かん》じが表《あらわ》されています。(3)色は、「あのことおなじ　みどりいろ」の部分《ぶぶん》から、どのような生き物《もの》かは、「かえるたくお」という名前と詩《し》の内ようから、それぞれ考えます。

2 金子《かねこ》みすゞの詩です。「わたし」と「小鳥」と「すず(鈴)」をくらべて、「みんなちがって、みんないい」とうたっているところが、多くの読者《どくしゃ》の感動《かんどう》をよぶところです。「わたし」は「両手をひろげ」て、小鳥のように空をとびたい。けど、できない。しかし、小鳥は「わたしのように、地面《じべた》をはやくは走れない」。小鳥は空をとべてうらやましいが、わたしのように、はやく走れないよ、わたしには小鳥にできないことができるのよ、といっています。でも、「みんなちがって、みんないい」のです。この詩には、命《いのち》あるものにも、そうでないもの(すず)にもそそがれている、作者のやさしいまなざしが感じられます。

ここに注意

詩は短《みじか》い言葉の中に、いろいろな気持《きも》ちをこめているので、作者が何を伝《つた》えたいのかを見落《お》とさないようにしましょう。

2 金子みすゞは、大正時代《たいしょうじだい》に童謡《どうよう》詩人としてひときわ光をはなちましたが、苦労《くろう》のすえ、二十六才というわかさで死《し》の道をえらびます。このためまぼろしの童謡詩人と語りつがれていましたが、五十余《よ》年たってふたたび詩が世に送《おく》り出され、今では多くの教科書にものせられるようになりました。たいへんやさしい人ですが、心のおく深《ふか》くに人生へのさびしさをひめているのではないか、ともいわれています。詩人の西条八十《さいじょうやそ》は「どこかふっくらした温《あたた》かい人間らしさが、彼女《かのじょ》の詩全体をつつんでいる」といっています。

ハイクラス　58～59ページ

1 (1)ピアノ(を)やめたい(ということ。)
(2)イ

2 (1)ア・エ
(2)Aイ　Bウ
(3)牛

考え方

1 (1)この詩の題名《だいめい》にもなっていることです。このことを何とか「ママ」に言いたいと思っているのです。(2)第《だい》三連の初《はじ》めの部分に、「ちょっと　れんしゅうしてみる」とあります。どんな気持ちなのかも考えて、声に出して読んでみましょう。

2 (2)A「きゃしゃ」は、ほっそりしていて上品なこと。**ア**と**イ**、**ウ**と**エ**は、それぞれ対照的《たいしょうてき》な言葉です。

チャレンジテスト④　60～61ページ

1 (1)Aウ　Bエ　(2)イ　(3)三　(4)ア

2 (1)Aエ　Bア　(2)ア・イ　(3)エ

考え方

1 「生まれてる」という表《ひょう》げんできせつが来たよろこびをうたっているといえます。ただ、芽《め》の音を聞くことから、どちらかというとしずかなよろこびでもあります。百田宗治《ももたそうじ》が三十一才のときの詩《し》であり、彼《かれ》が民衆派《みんしゅうは》詩人とよばれてきたことに行きづまりを感《かん》じた時期《じき》です。だから、しずかに深《ふか》く思い考えるようなふんいきをもった詩でもあります。

2 (1)A「星」はいつ見えるのかを考えます。Bたんぽぽがふたたびさく時季《じき》のこと。(2)「あおいおそらの」(七音)、「そこふかく」(五音)というように、七音・五音がくり返されていることや、「見えぬけれどもあるんだよ、見えぬものでもあるんだよ。」の同じ言葉《ことば》のくり返しに注目《ちゅうもく》します。(3)昼の星や、すがれたたんぽぽの根《ね》のように、「見えぬけれどもある」「見えぬものでもある」ことに気づくのが大切だといっています。

読み取りのコツ

2 リズムのある文章《ぶんしょう》が詩なのだと言ってもいいでしょう。リズムをととのえて詩に音楽性《せい》をもたせたり、想像《そうぞう》をふくらませる表げんがくふうされたりしています。作者の目をとおして読んでみると、作者はどんなことに感動《かんどう》しているのか、また、どんな気持《きも》ちでいるのかが、感じられるでしょう。

せつ明文

14 だん落を調べる

標準クラス　62〜63ページ

1 (1)A③　B②　(2)イ
(3)山びらき(の日)

2 (1)(惑星)太陽の光をはんしゃしてかがやいている星。(恒星)太陽のように自分でもえながらかがやいている星。
(2)③　(3)ア
(4)(れい)惑星はわたしたちに近く、恒星よりは大きく見えるので、空気がゆれても、ほとんどまたたかないで見えるから。

考え方

1 (1)A③だん落《らく》のはじめにある「この」は、前の②だん落の内ようを指《さ》しています。B「むかしの人たちは、……かんがえていました」と、むかしの人たちにとっての山のぼりの意《い》味《み》をくわしくせつ明しているのは、②だん落です。(2)前の部分《ぶぶん》が、後の部分の理由《りゆう》になっていますので、「ですから」が当てはまります。(3)④だん落の「この日」は、③だん落の内ようを指しています。したがって、「この日」は山にのぼることをゆるされる、「山びらき」という日のことです。

2 (1)①のだん落の内ようをもとにまとめます。太陽《たいよう》の光を反射《はんしゃ》する惑星《わくせい》と、自分でもえながらかがやく恒星《こうせい》のちがいに着目《ちゃくもく》します。(2)この文章《ぶんしょう》の主題は、惑星と恒星の見分け方です。③のだん落に、その見分け方がくわしく書いてあります。(3)④のだん落では、恒星がチカチカまたたくのは、恒星がもえているのではなく、空気のいたずらであることが述《の》べられています。その話題《わだい》を受けて、⑤のだん落でさらにくわしくせつ明しています。(4)⑥のだん落でのべられている内ようを、「恒星」「空気」という言葉《ことば》を使ってまとめます。

ハイクラス　64〜65ページ

1 (1)③　(2)Aウ　Bイ
(3)進化のしくみ
(4)作物や家ちくの品しゅかいりょう
(5)・自ぜん界でおこる進化のようすは長すぎて見られないから。
・自ぜん界といっても、広すぎてばくぜんとしているから。
(6)工業暗化

考え方

1 (1)②だん落で、ダーウィンが考えを結びつけるもととなった農業についてせつ明していて、それを受けてダーウィンの考えたことをせつ明しているだん落をえらびます。(2)A前のだん落と反対《はんたい》の内ようが後につづきます。B前のだん落の内ようを受けたけっかが後につづきます。(3)①だん落に「進化《しんか》のしくみについて〜」とあります。(4)③だん落の「人間による作物《さくもつ》・家ちくのかいりょう」と同じ意味の言葉が、④だん落に「作物や家ちくの品《ひん》しゅかいりょうは」とあり、ここが十五字です。(5)直前の「そのため」に着目すると、前の部分に二つの理由が書いてあることがわかります。(6)⑦だん落に「この事実《じじつ》を『工業暗化《こうぎょうあんか》』とよんでいます」とあります。

15 キーワードを見つける

標準クラス　66〜67ページ

1 (1)Aア　Bウ
(2)地球にとどくねつや光をしらべる。
(3)(表面)六千度
(中心のあたり)千五百万度
(4)イ
(5)すっかりガスになってしまう。
(6)もえるガスのかたまり
(7)太陽がガスであるのに、とびちってしまわないわけ。(ガスのかたまりである太陽が、どうしてとびちってしまわないかということ。)
(8)(順《じゅん》に)つぶれようとする力、ふくらもうとする力、太陽の表面(のところ)

考え方

1 (2)「……(太陽《たいよう》の)おん度《ど》をしることができます」の一文に着目《ちゃくもく》します。(3)はじめのだん落《らく》に「太陽のあつさは、…」とあります。太陽の表面《ひょうめん》と中心のあたりの、おん度のちがいに着目します。(4)ようこうろをれいにあげて、太陽がどれだけあついかをせつ明しています。(5)(6)この文章《ぶんしょう》のキーワードは「太陽」と「ガス」です。もえるガスのかたまりである、太陽のとくちょうをとらえます。(7)前の文のぎ問《もん》に対《たい》して答えています。(8)さい後の「つまり」から始《はじ》まる文で、せつ明しています。

ハイクラス 68～69ページ

1
(1)体をつくる一番小さな単位
(2)ア(たった)一こ
イ三ちょうこ
(3)エ
(4)地球の七十三おく人の一人一人(のそ先)をたどっていくと、みんなアフリカに生まれた同じそ先にたどりつくから。
(5)チンパンジーと人間(人間とチンパンジー)
(6)三十八おく年も前(の大昔)
(7)一この細ぼう

考え方
1 (1)―線①のあとに「細ぼうとは～」と、細ぼうがどのようなものかをせつ明しています。(2)生まれる時は、はじまりとくらべて細ぼうの数がふえています。(4)―線②の前の部分に筆者《ひっしゃ》の考えの理由が述《の》べられています。(5)「そこから」の「そこ」が指《さ》しているものを考え、「そこから」わかれた二つを答えます。(6)地球上《ちきゅうじょう》にはじめて生まれた生きものが一この細ぼうであることをおさえて、それがいつ生まれたかを読み取《と》りましょう。(7)文章のさいしょの問いかけに対し、さい後のだん落《らく》でその答えを書いています。「(一この)細ぼう」が、この文章のキーワードです。

16 よう点をまとめる

標準クラス 70～71ページ

1
(1)(順《じゅん》に)りく、子そんをのこすための場所
(2)あらかったり・かんそう・高温
(3)・天てきとなるタコも、大きな魚もめったに近づかない、安全な場所であるから。
・ヤドカリが食べる魚などの死体も、波ではこばれてくるから。
・ヤドカリがだいすきな貝がらをつくるイボニシも、その食べもののフジツボやニまい貝も、海べでくらしているから。
(4)(海べの)小動物たちの生活は、大きな打げきをうける。
別小動物たちのこのましいすみ場所がなくなる。
(5)・海とりくを行き来できるよう通路をつくる。
・のぼりやすい石組みにする。
・子を海にはなす場所をさけて港をつくる。
(6)エ

考え方
1 (1)オカヤドカリは、ヤシガニなどと同じでりくにすんでいます。(2)(3)ヤドカリにとって、海べはきびしいかんきょうである反面《はんめん》、すみやすい場所《ばしょ》であることも理かいします。(4)海べが小動物《しょうどうぶつ》たちのすみかであることをおさえます。(5)少しのくふうで、小動物も人間も海べをり用できると、筆者《ひっしゃ》は考えています。

(6)さい後のだん落《らく》で、筆者の主《しゅ》ちょうが述《の》べられています。

ハイクラス 72～73ページ

1
(1)Aイ　Bオ
(2)ア・(れい)アブラヤシのからがかたいので、手でわって食べることができないから。
イ・(れい)オオアリのすのあなはせまく深いので、手や指ではオオアリをつかまえられないから。
(3)A新しい道具　B組み合わせ　Cすぐれた道具
(4)すき

考え方
1 (1)A「大こう物《ぶつ》です」「食べることができません」と対立《たいりつ》する内ようになっています。B「石を手で持ち上げ～実をわります」「道具を見つけて使《つか》うことができるのです」から、せつ明する言葉《ことば》が入ります。(2)「人間以外《いがい》で、もっともちえがあるといわれているチンパンジーはどうでしょう」以後のせつ明の部分から見つけます。(3)「このように」のあとを読んで、チンパンジーについてまとめることができます。人間と道具《どうぐ》については、最終《さいしゅう》だん落にまとめられています。(4)「人間はまた、石をわって～考えつきました」「ぼうの先に、～すきも作りました」の二文に注目《ちゅうもく》しましょう。

チャレンジテスト⑤

74～75ページ

1

(1)Aウ　Bエ

(2)おすがめすをよんでいる(のです)

(3)カエルのたまごはかたいからでつつまれていないので、地面に生むと、ひからびてしまうから。

(4)Aお　B水草　Cえら　Dはい　Eお

(5)ウ

考え方

1 (2)「カエルたちは、合しょうを楽しんでいるのでしょうか」のあと「いいえ、あれは、…」とつづいています。(3)―線②のあるだん落のはじめに、カエルのたまごとニワトリのたまごのちがいについて書かれています。カエルのたまごは、ニワトリのたまごのようにかたいからでつつまれていないので、地面《じめん》に生むとひからびてしまうのです。(5)まず、**イ**は文章《ぶんしょう》の前半でせつ明が終わっていることなので答えになりません。この文章は、カエルが体をかえながら成長しくらしていくさまをせつ明したものなので、つづきは**ウ**のなぜ、カエルのくらし方や体がこんなにかわるのかのせつ明がてき当でしょう。

いろいろな文章
17 生き方

標準クラス

76～77ページ

1 (1)イ　(2)幸子さん　(3)エ

考え方

1 (1)文章《ぶんしょう》のはじめの部分に、「幸子《さちこ》さんにとって、今度《こんど》のお盆《ぼん》は、……剛《たけし》さんと士《つかさ》さんの初めてのお盆でした」とあります。剛さんと士さんは、幸子さんのなくなった息子《むすこ》と夫《おっと》です。(2)「愛犬《あいけん》タチのひとり言」は、愛犬の太刀が語るという形で、幸子さんが書いた文章です。太刀にとっての「お母さん」は幸子《さちこ》さんです。(3)それまで短歌《たんか》でしか気持《きも》ちをあらわすことができなかった幸子さんは、文章で自分の気持ちを書くことができるほど、元気になったのです。

ハイクラス

78～79ページ

1 (1)ウ

(2)ウ

(3)すぐに答えを教えてもらおうとする生と。

(4)(順《じゅん》に)ことなり(ちがい)、じっくりとものごとを考える時間

考え方

1 (1)前のだん落《らく》と反対《はんたい》の内ようが後につづいています。(2)筆者《ひっしゃ》がこれからひつようだと考えているのは、「思考する力」「ものごとを考える力」、すなわち「じっくりと自分の頭で考える」力です。(3)のびる生と、のびない生とのちがいをおさえましょう。(4)「下手の考え休むににたり」の、本来の意味《いみ》は、「いい考えを出せないのに、長く考えることは時間のむだだ」という意味です。筆者は、この意味とはことなる意味で、ことわざを使《つか》っています。

読み取りのコツ

文章中にくり返し出てくる重要語句《じゅうようごく》(キーワード)を見つけることや、「こそあど言葉《ことば》」や「つなぎ言葉」に注意《ちゅうい》して読むことが重要です。またむずかしい語句や熟語《じゅくご》が出てきた場合は、そのつど国語辞典《じてん》を引いて、意味を調べる習慣《しゅうかん》を身につけましょう。語いを増《ふ》やすことも、読解《どっかい》力をつけることにつながります。

18 生活の中で

標準クラス

80～81ページ

1 (1)ア　(2)エ

(3)A決めつけるような　Bたから

(4)エ

(5)答えを一つにしない、一人一人が心にふうけいをえがける言葉

考え方

1 (1)この文章《ぶんしょう》のキーワードは「言葉《ことば》」。その具《ぐ》体的《たいてき》なれいとして、「江戸《えど》っ子だろ」の話を書いています。(2)「今、歩いている町のふうけいと重《かさ》ねて、わたしはこの子の何年かあとの江戸っ子ぶりをあれこれ想像《そうぞう》した」とあります。(3)Bはすぐあとに「あの子のなかにあるたからがむげんだいに広がっていくような言い方だったと思う」と書いています。Aは

「もし……なんて決めつけるような言葉をいっていたら」とあります。(5)「包容《ほうよう》力」とは、大きな心で他者《たしゃ》をつつみこむ力のこと。

ハイクラス 82～83ページ

1 (1)Aエ　Bイ　Cウ　(2)Dエ　Eウ　Fア
(3)②ウ　③イ
(4)(順《じゅん》に)目にふれる、見られたくない、かくしたい場所(かくしておきたいところ)

考え方

1 (1)A「母はほほえんで、そういうこともあるわね、と言った」とあります。話のつづきです。B「なかなかそうもいかないでしょう」とあり、つづいてそのわけを述《の》べています。C「当日がやってくる」と話がつづいていきます。(2)それぞれの様子《ようす》に合うものをえらびます。D「水がかわいて」、E「いらしたお客さま」、F「タオルはのりのピンときいた」「たて三つおり」などから考えます。(4)この文章のキーワードは「かくしたい場所《ばしょ》」です。見えないところは見えないのだから、とくに片《かた》づけをすることもないと思うのがふつうです。しかし、そこに、「見られたくない」という気持ちが生じてきています。かくしたい場所がないように、お客さまをむかえよう、というのです。これが、この文章の題名《だいめい》にある「おしゃれ」になります。

19 生物のふしぎ

標準クラス 84～85ページ

1 (1)ツキノワグマの道をほかの動物たちが利用することに対し、ツキノワグマがおこるのではないかという心配。
(2)②すあなに入ったり、トイレにいく道
③登山道やクマがふみかためた道
(3)ウ

考え方

1 (1)ツキノワグマが何に対《たい》しておこるのかについて書きましょう。ツキノワグマが歩くことによってできたけもの道は、ほかの動物《どうぶつ》たちにもり用されているのです。(2)けもの道には、二つの面《めん》があることを理かいします。(3)ツキノワグマはえものをとることのほかにも歩きますから、**ア**はあやまりです。けもの道を昔の人がつくったかどうかは読み取れないので、**イ**はあやまりです。弱い立場の動物は、けもの道でてきと出会ったらころされてしまいます。したがって**エ**はあやまりです。

ハイクラス 86～87ページ

1 (1)Aア　Dウ　(2)ウ　(3)Bメス　Cオス
(4)(順《じゅん》に)上流、小石、つぶつぶ(たまご)、たまご
(5)きれいな表面を出し、ここにたまごをしっかりとくっつけるため

考え方

1 (2)「これ」の直前に「川をのぼるときにはひっしで追《お》いかけ、くだるときにはばらばらとちる。そうして、また、追いかけるのだ」とあります。(3)B「太ったほうのウグイが尾《お》びれを水面《すいめん》に出して、川ぞこにさか立ちするようにしずみこむ」「メスが川ぞこにさか立ちするように見えた」とあります。
C「まわりのウグイたちが体をよりそわせ、かたまりになって、ばしゃばしゃとしぶきをあげる」「オスたちも体をよりそっている」とあります。(4)本文のウグイの産卵《さんらん》の様子を書いてある部分《ぶぶん》をまとめます。(5)「つまり」からあとが、その答えの内ようです。
この文章《ぶんしょう》のよう点をまとめると、次のようになります。

○「むれの動きを～追いかけるのだ」
○「これをくり返《かえ》していると～しぶきをあげる」
(ウグイのオスとメスの動《うご》きの様子)
　←
○「これがウグイの産卵である」
　←
○「水中の様子をそうっとのぞいてみた」
○「太めのウグイは…水がにごった」
○「小さなつぶつぶは…くり返す」
(産卵の様子)
　←
○「ウグイが産卵していた…一回きりなのである」

（ウグイのたまごの様子）
○「川ぞこの石の表面は…思ったのである」
←
（筆者《ひっしゃ》の考え）

20 民話

標準クラス
88~89ページ

1 (1)一月十二日
(2)牛＝(れい)牛の荷物のなかにしのびこんだネズミが神さまの前にとびだして一番になったから。
ネコ＝(れい)神さまのごてんにあつまる日をネズミにきいたら、一日おそい日をおしえられたから。
(3)えと(十二し)

考え方
1 (1)文章《ぶんしょう》の最初《さいしょ》の一文に「一月十二日にあつまれ」とあります。(2)牛はネズミにり用され、ネコはネズミにだまされたのです。(3)えと(十二し)で、ネズミが一番目で牛が二番目、ネコが十二ひきに入っていないのはなぜかをお話にしています。

ハイクラス
90~91ページ

1 (1)よひょうと(ただ、よひ)~ていきたい
(2)ア　(3)はたおり部屋　(4)イ

考え方
1 (1)「つうのねがいはお金でも都《みやこ》でもなく、ただ、よひょうと、二人で楽しくはたらきながら、いつまでもいつまでもいっしょにくらしていきたい、ということだけだったのです」とあります。(2)前の文からも想像《そうぞう》できます。(4)「がまんしきれずに」とあります。「そうどやうんずが~あんまりさわぐものだから」、「またつうが~何度も言ったものだから」、がまんしきれずに、はたおり部屋《べや》をのぞいてしまったよひょうの気持ちをとらえます。

チャレンジテスト⑥
92~93ページ

1 (1)ア
(2)・こんな地のはてにも人の生活があるという(こと。)
・エスキモーの人たちにとって、動物は(見て楽しむものでなく、)生きていくためにころさなければならないという(こと。)
(3)ウ

考え方
1 (1)「大地を見わたすことができました」とあります。(2)「それは」、「そして」のあとの文をまとめます。(3)筆者は、自分が書いた手紙の返事をもらって、エスキモーの村で生活することができました。その中で、「たくさんのことを知りました。それはこんな地のはてと思っていたところにも人の生活があるということです」と書かれています。

文章を書く
21 手紙

標準クラス
94ページ

1 (1)北山かずお(さん)　(が)おじさん(に)
(2)十二月十五日　(3)イ

考え方
1 (1)手紙の最後《さいご》の後づけの部分《ぶぶん》に、先に自分の名前を行の下のほうに書いています。その後に相手《あいて》の名前を行の上のほうに書いています。(2)手紙を書いた日づけは、自分の名前と同じ行の上のほうに書いています。(3)たんじょう日のおいわいに、国語辞典《こくごじてん》を送《おく》ってくれたおじさんへの、お礼《れい》の手紙です。

ハイクラス
95ページ

1 (1)山下しずえ(さん)
(2)ア　(3)③(れい)今、学校では文化祭の練習がはじまっています。三組は、合しょうにさんかすることになり、放か後に練習をしています。④(れい)中村さん、早くよくなって学校に来てください。みんな待っています。⑤㋐七月十日　⑤㋒中村ゆき子さま

考え方
1 (1)手紙のはじめの部分とメモに相手の名前があります。また、手紙の最後の後づけの部分に、この手紙を書いた山下さんの名前があります。(2)入院《にゅういん》している中村さんへの、お見まいの手紙です。(3)手紙を書くときは、書くじいの手紙です。

とよいです。

ゆんじょや書く内ようを事前《じぜん》にメモしておくとよいです。

22 すきなものをしょうかいする

標準クラス 96ページ

1
(1)サッカー(がすきだ。)
(2)テレビで女子サッカーのしあいを見ること。
(3)一人の力だけではしあいに勝つことはできず、チーム全体で作せんを立てるひつようがあること。
(4)ウ

考え方
1 (1)文章《ぶんしょう》のはじめの部分《ぶぶん》で、自分のすきなものは何か、しょうかいしています。(2)自分ですることだけでなく、見ることもすきであることをくわしく述《の》べています。(3)すきなものをしょうかいする文章を書くときには、すきな理由《りゆう》についても書くようにします。(4)自分の入っているサッカークラブへのおさそいで、文章をまとめています。

ハイクラス 97ページ

1
(1)動物
(2)(家で昔から犬をかっていて、)小さいころから犬が身近にいたこと。
(3)ウ
(4)エ→オ→イ→カ→ア→ウ

考え方
1 (1)はじめにすきなものが何か書いてあると、読む人にわかりやすいです。(2)すきなものをしょうかいする文章を書くときは、すきになったきっかけを書くことも大切です。(3)前の文の理由を後の文でせつ明しています。(4)文章を書くときは、書く前に全体《ぜんたい》の組み立てをよく考えることが大切です。

23 出来事をせつ明する

標準クラス 98ページ

1
(1)先週の日曜日
(2)まず、ひざ～むのです。
(3)イ　(4)ウ

考え方
1 (1)文章《ぶんしょう》のはじめの部分で、いつの出来事《できごと》かを書いています。(2)体のどの部分をどのように使《つか》うかをくわしくせつ明しています。(3)前の部分が原いんとなり、後のことが起《お》こっています。(4)「……になりたいと思います」と、自分でやりたいと思っていることを書いて、文章全体《ぜんたい》をまとめています。

ハイクラス 99ページ

1
(1)(順《じゅん》に)先週の土曜日、さくらの名所、さくら台公園、遠足
(2)③(れい)お昼前にさくら台公園に着きました。池でボートに乗り、ボートからまん開のさくらの花を見ました。とてもきれいでした。
④(れい)お昼になり、さくらの木の下でおべんとうを広げました。さくらの花を見ながら食べるおにぎりの味はかくべつでした。

考え方
1 (1)はじめの部分で、いつの、どんなことについての文章なのかを書いています。(2)文章を書く前にメモを作り、どのような構成《こうせい》で書くかを考えます。

チャレンジテスト⑦ 100～101ページ

1
(1)坂本めぐみ(さん)(が)　おばあちゃん(に)
(2)イ
(3)(れい)・バレエ教室の発表会に自分も出ること。
・バレエの発表会を、おばあちゃんにも見てほしいこと。
(4)発表会のはじまる時間

2
(1)(社会科のじゅ業で)市立図書館の見学に行ったこと。
(2)やく五千さつの本があるそうです。(やく五千さつの本があるということです。)
(3)④(れい)そして、市立図書館ではろうどくの時間もありました。ろうどくの時間には、図書館の人が本を読んでくれました。
⑤(れい)当日はじっさいに自分のかし出しカードを作って、読みたい本をかりました。わたしは、これからも市立図書館をり用して、たくさんの本を読みたいと思います。

考え方

1 (1)手紙の最後《さいご》の後づけの部分に、手紙を書いた日、自分の名前、相手の名前を書いています。(2)バレエの発表会《はっぴょうかい》に来てほしいという、おさそいの手紙です。(3)手紙の本文で、もよおしのしょうかいと「見にきてくださいね」というおさそいの言葉《ことば》を書いています。

(4)「日時」の部分には、何月何日(日てい)の何時(時間)からはじまるかを、わすれないように書きます。

2 (1)はじめに文章《ぶんしょう》のテーマを書いています。

(2)文章を書くときには、「じっさいにあったこと」「人から聞いたこと」「自分で考えたこと」などが、それぞれわかるように書きます。

(3)おわりの部分では、当日したことのほかに、自分の思ったことも書いて文章をまとめます。

そう仕上げテスト

102〜104ページ

1 (1)からっぽのす (2)ウ (3)エ

2 (1)足あと

(2)①耳・音 ②鼻・におい ③目・人間

3 (1)イ (2)うちゅうじん

考え方

1 (1)知らない間にヒバリのすがからっぽになっていて、「ヒナを育《そだ》てたい」と考えていたタカシはがっかりし、かなしくなったのです。

(2)はるか遠くまで広がっているクローバ畑《ばたけ》が、まるで海のように見えたのです。(3)育てようと思っていたヒバリのヒナがすから消《き》えて、がっかりしていたタカシが、父さんの言葉を聞いて前向《む》きになっています。タカシの気持《きも》ちのへん化《か》を読み取《と》りましょう。

2 (1)雪のうえにのこされた足あとから、めすギツネのゆくえを追《お》っています。(2)キタキツネは、きびしい自然《しぜん》の中で生きていくために、体のいろいろな部分をり用してかりをしているのです。

3 (1)てつぼうであしかけあがりをして、体が上がり、青空を身近《みぢか》に感《かん》じたときの様子《ようす》を「うちゅうが/ぼくに ほおずりした」と表《ひょう》げんしています。(2)てつぼうであしかけあがりをして、「うちゅう」にふれることになり、自分も「うちゅうじん」になったような気持ちになったのです。